大数据驱动的管理与决策研究丛书

基于政府网站数据的
政策信息学研究

张 楠　王友奎　孟庆国／著

科学出版社

北京

内 容 简 介

数据采集、存储、传输、分析技术的高速发展驱动了不同管理领域的决策范式嬗变。对大数据驱动的公共管理与公共政策创新的探索逐渐形成了政策信息学研究分支。在此背景下，本书围绕政府网站这一公共管理活动与公共政策信息的重要载体，汇聚了研究团队近年来基于政府网站状态、绩效、内容等方面海量数据的研究方法探索和实证发现讨论，既为掌握政策信息学内涵外延和研究范式提供了特定场景下的丰富案例，也对全面理解政府网站发展及政府网站所呈现的政府管理决策行为有所裨益。

本书主要适合公共管理、管理科学与工程、信息资源管理等相关学科关注政策信息学和政策智能研究方向的科研工作者或学生阅读，也可为从事相关工作的政府工作人员提供参考。

图书在版编目(CIP)数据

基于政府网站数据的政策信息学研究 / 张楠, 王友奎, 孟庆国著. -- 北京：科学出版社, 2025.8.
(大数据驱动的管理与决策研究丛书). -- ISBN 978-7 03-080536-2
Ⅰ.D035-01
中国国家版本馆 CIP 数据核字第 20247XF026 号

责任编辑：陈会迎 / 责任校对：姜丽策
责任印制：赵　博 / 封面设计：有道设计

科学出版社 出版
北京东黄城根北街 16 号
邮政编码：100717
http://www.sciencep.com

保定市中画美凯印刷有限公司印刷
科学出版社发行　各地新华书店经销
*
2025 年 8 月第　一　版　　开本：720×1000　1/16
2026 年 1 月第二次印刷　　印张：10 1/4
字数：207 000
定价：128.00 元
(如有印装质量问题，我社负责调换)

作者简介

张楠，清华大学公共管理学院教授，清华大学中国发展规划研究院研究员，教育部哲学社会科学实验室——清华大学计算社会科学与国家治理实验室副主任，清华大学文科建设专家咨询委员会委员。兼任中国管理现代化研究会管理研究方法专业委员会副主任、中国信息经济学会数智治理与交叉信息科学专业委员会副主任、中国标准化协会城镇基础设施分会副会长、北京城市管理科技协会理事长。主要研究方向包括电子政务与数字政府、政策信息学与政策智能、智慧城市与数字文旅。入选教育部"长江学者奖励计划"青年学者，主持国家自然科学基金重大项目、国家重点研发计划、国家信息安全专项课题，研究成果多次获中央国家机关采用。

王友奎，北京邮电大学经济管理学院副教授，博士生导师。毕业于清华大学公共管理学院，获管理学博士学位。主要研究方向包括数字政府、数据治理和人工智能等。在 Social Science Computer Review、《中国行政管理》、《电子政务》等国内外期刊发表学术论文20余篇，曾获"清华大学优秀博士毕业生""清华大学优秀博士论文""第三届夏书章公共管理优秀博士论文提名奖""《公共管理与政策评论》年度最佳论文"等奖项。主持国家社会科学基金一般项目1项、中国博士后科学基金1项、国家自然科学基金重点项目子课题1项，参与国家社会科学和自然科学等各类基金项目8项。获得发明专利4项，完成科学技术成果鉴定1项。参与20余份政策文件和国家标准的研究和起草，深度参与了40余项中央和地方政府委托的政策研究课题，成果获得领导肯定性批示和省部级主管部门的政策采纳10余项。

孟庆国，清华大学公共管理学院教授，教育部"长江学者"特聘教授。担任国家电子政务专家委员会委员，清华大学国家治理研究院执行院长，教育部哲学社会科学实验室——清华大学计算社会科学与国家治理实验室执行主任，清华中国电子数据治理工程研究院院长，清华大学人工智能国际治理研究院首席专家。主要研究方向包括数字政府、数字治理、政务大数据与政策智能等。近年来主持国家自然科学基金重点项目、国家社会科学基金重大项目以及国务院办公厅、中央网络安全和信息化委员会办公室等课题50余项，其中多篇研究成果被国家领导人批示，多篇政策研究报告被中央部委采纳并应用于支撑国家政策文件的制定。累计出版相关论著、编著、译著7部，在国内外学术期刊发表中英文学术论文200余篇。

丛书编委会

主　编
　　陈国青　教　授　清华大学
　　张　维　教　授　天津大学

编　委（按姓氏拼音排序）
　　陈　峰　教　授　南京医科大学
　　陈晓红　教　授　中南大学/湖南工商大学
　　程学旗　研究员　中国科学院计算技术研究所
　　郭建华　教　授　东北师范大学
　　黄　伟　教　授　南方科技大学
　　黄丽华　教　授　复旦大学
　　金　力　教　授　复旦大学
　　李立明　教　授　北京大学
　　李一军　教　授　哈尔滨工业大学
　　毛基业　教　授　中国人民大学
　　卫　强　教　授　清华大学
　　吴俊杰　教　授　北京航空航天大学
　　印　鉴　教　授　中山大学
　　曾大军　研究员　中国科学院自动化研究所

总　　序

互联网、物联网、移动通信等技术与现代经济社会的深度融合让我们积累了海量的大数据资源，而云计算、人工智能等技术的突飞猛进则使我们运用掌控大数据的能力显著提升。现如今，大数据已然成为与资本、劳动和自然资源并列的全新生产要素，在公共服务、智慧医疗健康、新零售、智能制造、金融等众多领域得到了广泛的应用，从国家的战略决策，到企业的经营决策，再到个人的生活决策，无不因此而发生着深刻的改变。

世界各国已然认识到大数据所蕴含的巨大社会价值和产业发展空间。比如，联合国发布了《大数据促发展：挑战与机遇》白皮书；美国启动了"大数据研究和发展计划"并与英国、德国、芬兰及澳大利亚联合推出了"世界大数据周"活动；日本发布了新信息与通信技术研究计划，重点关注"大数据应用"。我国也对大数据尤为重视，提出了"国家大数据战略"，先后出台了《"十四五"大数据产业发展规划》《"十四五"数字经济发展规划》《中共中央　国务院关于构建数据基础制度更好发挥数据要素作用的意见》《企业数据资源相关会计处理暂行规定（征求意见稿）》《中华人民共和国数据安全法》《中华人民共和国个人信息保护法》等相关政策法规，并于2023年组建了国家数据局，以推动大数据在各项社会经济事业中发挥基础性的作用。

在当今这个前所未有的大数据时代，人类创造和利用信息，进而产生和管理知识的方式与范围均获得了拓展延伸，各种社会经济管理活动大多呈现高频实时、深度定制化、全周期沉浸式交互、跨界整合、多主体决策分散等特性，并可以得到多种颗粒度观测的数据；由此，我们可以通过粒度缩放的方式，观测到现实世界在不同层级上涌现出来的现象和特征。这些都呼唤着新的与之相匹配的管理决策范式、理论、模型与方法，需有机结合信息科学和管理科学的研究思路，以厘清不同能动微观主体（包括自然人和智能体）之间交互的复杂性、应对由数据冗余与缺失并存所带来的决策风险；需要根据真实管理需求和场景，从不断生成的大数据中挖掘信息、提炼观点、形成新知识，最终充分实现大数据要素资源的经济和社会价值。

在此背景下,各个科学领域对大数据的学术研究已经成为全球学术发展的热点。比如,早在 2008 年和 2011 年,*Nature*(《自然》)与 *Science*(《科学》)杂志分别出版了大数据专刊 *Big Data: Science in the Petabyte Era*(《大数据:PB(级)时代的科学》)和 *Dealing with Data*(《数据处理》),探讨了大数据技术应用及其前景。由于在人口规模、经济体量、互联网/物联网/移动通信技术及实践模式等方面的鲜明特色,我国在大数据理论和技术、大数据相关管理理论方法等领域研究方面形成了独特的全球优势。

鉴于大数据研究和应用的重要国家战略地位及其跨学科多领域的交叉特点,国家自然科学基金委员会组织国内外管理和经济科学、信息科学、数学、医学等多个学科的专家,历经两年的反复论证,于 2015 年启动了"大数据驱动的管理与决策研究"重大研究计划(简称大数据重大研究计划)。这一研究计划由管理科学部牵头,联合信息科学部、数学物理科学部和医学科学部合作进行研究。大数据重大研究计划主要包括四部分研究内容,分别是:①大数据驱动的管理决策理论范式,即针对大数据环境下的行为主体与复杂系统建模、管理决策范式转变机理与规律、"全景"式管理决策范式与理论开展研究;②管理决策大数据分析方法与支撑技术,即针对大数据数理分析方法与统计技术、大数据分析与挖掘算法、非结构化数据处理与异构数据的融合分析开展研究;③大数据资源治理机制与管理,即针对大数据的标准化与质量评估、大数据资源的共享机制、大数据权属与隐私开展研究;④管理决策大数据价值分析与发现,即针对个性化价值挖掘、社会化价值创造和领域导向的大数据赋能与价值开发开展研究。大数据重大研究计划重点瞄准管理决策范式转型机理与理论、大数据资源协同管理与治理机制设计以及领域导向的大数据价值发现理论与方法三大关键科学问题。在强调管理决策问题导向、强调大数据特征以及强调动态凝练迭代思路的指引下,大数据重大研究计划在 2015~2023 年部署了培育、重点支持、集成等各类项目共 145 项,以具有统一目标的项目集群形式进行科研攻关,成为我国大数据管理决策研究的重要力量。

从顶层设计和方向性指导的角度出发,大数据重大研究计划凝练形成了一个大数据管理决策研究的框架体系——全景式 PAGE 框架。这一框架体系由大数据问题特征(即粒度缩放、跨界关联、全局视图三个特征)、PAGE 内核[即理论范式(paradigm)、分析技术(analytics)、资源治理(governance)及使能创新(enabling)四个研究方向]以及典型领域情境(即针对具体领域场景进行集成升华)构成。

依托此框架的指引,参与大数据重大研究计划的科学家不断攻坚克难,在 PAGE 方向上进行了卓有成效的学术创新活动,产生了一系列重要成果。这些成果包括一大批领域顶尖学术成果[如 *Nature*、*PNAS*(*Proceedings of the National Academy of Sciences of the United States of America*,《美国国家科学院院刊》)、

Nature/Science/Cell（《细胞》）子刊，经管/统计/医学/信息等领域顶刊论文，等等］和一大批国家级行业与政策影响成果（如大型企业应用与示范、国家级政策批示和采纳、国际/国家标准与专利等）。这些成果不但取得了重要的理论方法创新，也构建了商务、金融、医疗、公共管理等领域集成平台和应用示范系统，彰显出重要的学术和实践影响力。比如，在管理理论研究范式创新（P）方向，会计和财务管理学科的管理学者利用大数据（及其分析技术）提供的条件，发展了被埋没百余年的会计理论思想，进而提出"第四张报表"的形式化方法和系统工具来作为对于企业价值与状态的更全面的、准确的描述（测度），并将成果运用于典型企业，形成了相关标准；在物流管理学科的相关研究中，放宽了统一配送速度和固定需求分布的假设；在组织管理学科的典型工作中，将经典的问题拓展到人机共生及协同决策的情境；等等。又比如，在大数据分析技术突破（A）方向，相关管理科学家提出或改进了缺失数据完备化、分布式统计推断等新的理论和方法；融合管理领域知识，形成了大数据降维、稀疏或微弱信号识别、多模态数据融合、可解释性人工智能算法等一系列创新的方法和算法。再比如，在大数据资源治理（G）方向，创新性地构建了综合的数据治理、共享和评估新体系，推动了大数据相关国际/国家标准和规范的建立，提出了大数据流通交易及其市场建设的相关基本概念和理论，等等。还比如，在大数据使能的管理创新（E）方向，形成了大数据驱动的传染病高危行为新型预警模型，并用于形成公共政策干预最优策略的设计；充分利用中国电子商务大数据的优势，设计开发出综合性商品全景知识图谱，并在国内大型头部电子商务平台得到有效应用；利用监管监测平台和真实金融市场的实时信息发展出新的金融风险理论，并由此建立起新型金融风险动态管理技术系统。在大数据时代背景下，大数据重大研究计划凭借这些科学知识的创新及其实践应用过程，显著地促进了中国管理科学学科的跃迁式发展，推动了中国"大数据管理与应用"新本科专业的诞生和发展，培养了一大批跨学科交叉型高端学术领军人才和团队，并形成了国家在大数据领域重大管理决策方面的若干高端智库。

展望未来，新一代人工智能技术正在加速渗透于各行各业，催生出一批新业态、新模式，展现出一个全新的世界。大数据重大研究计划迄今为止所进行的相关研究，其意义不仅在于揭示了大数据驱动下已经形成的管理决策新机制、开发了针对管理决策问题的大数据处理技术与分析方法，更重要的是，这些工作和成果也将可以为在数智化新跃迁背景下探索人工智能驱动的管理活动和决策制定之规律提供有益的科学借鉴。

为了进一步呈现大数据重大研究计划的社会和学术影响力，进一步将在项目研究过程中涌现出的卓越学术成果分享给更多的科研工作者、大数据行业专家以及对大数据管理决策感兴趣的公众，在国家自然科学基金委员会管理科学部的领导下，在众多相关领域学者的鼎力支持和辛勤付出下，在科学出版社的大力支持下，大数据重大研究计划指导专家组决定以系列丛书的形式将部分研究成果出版，其中包括在大数据重大研究计划整体设计框架以及项目管理计划内开展的重点项目群的部分成果。希望此举不仅能为未来大数据管理决策的更深入研究与探讨奠定学术基础，还能促进这些研究成果在管理实践中得到更广泛的应用、发挥更深远的学术和社会影响力。

未来已来。在大数据和人工智能快速演进所催生的人类经济与社会发展奇点上，中国的管理科学家必将与全球同仁一道，用卓越的智慧和贡献洞悉新的管理规律和决策模式，造福人类。

是为序。

国家自然科学基金"大数据驱动的管理与决策研究"
重大研究计划指导专家组
2023 年 11 月

前　言

　　从互联网、大数据，再到时下火热的人工智能，数字技术的飞速发展在全球范围内影响着各层级政府部门组织结构和运作模式的深刻变革。从时间轴向来看，中国政府的数字化转型是一个长周期、多阶段的过程。本书所聚焦的政府网站，作为政府部门建立的综合业务应用系统，虽然随着技术演进呈现不同应用形态，在网络化、数据化和智能化的不同阶段的政府数字化转型中扮演的角色也不尽相同，但在连接政府、企业与公众，提供便捷、高效服务方面一直发挥着关键作用，是数字政府领域不可忽视的重要研究对象。

　　在网络化阶段，政府网站经历了服务从无到有、技术由弱变强、管理经乱而治的过程。本书作者所在的清华大学研究团队有幸在这一过程中通过撰写学术论文和政策报告、支撑国务院主管部门文件编制和工作推进、开展第三方政府网站绩效评估等形式积极参与，发挥了重要的推动作用。经年积累的政府网站绩效评估一手数据不仅呈现了政府网站服务、技术、管理变化的宏观趋势和微观细节，也为公共管理领域学术研究探索其影响因素和影响机制提供了可能。本书的第一章和第二章是作者团队相关研究与思考的浓缩。

　　在数据化阶段，随着政府网站服务、技术与管理的日益规范，政府网站呈现的海量内容数据，作为各层级政府部门政策注意力分配、公众关切回应、施政行为模式的真实记录，价值日益凸显。国务院办公厅关于政务公开工作重点和政府网站发展指引等若干政策要求提升和保障了政府网站内容数据的质量。在此基础上，深刻理解数据中蕴含的知识，深度利用数据分析助力政府治理，进而充分释放数据价值，逐渐成为数字政府建设和发展中的"硬核"业务和成功的关键。本书作者所在的清华大学研究团队近十年来所推动和开展的政策信息学恰是理解政府数据、利用政府数据的重要方法论工具。政府网站数据作为典型的公开政府数据，也为政策信息学研究提供了绝佳的应用场景，本书第三章介绍了政策信息学的基础方法，第四章至第八章从测度建构和应用环节等角度呈现了多个彼此联系的基于政府网站数据的政策信息学研究个案，希望能够帮助读者理解本身仍在演化和成长中的政策信息学。

　　面向未来的智能化阶段，高质量垂域数据集的汇聚和训练在大模型政务领域应用中的重要价值在研究与实践界已达成初步共识，当前国家数据基础设施建设和运营面向的主要场景也是千行百业的人工智能应用。工作流设计和多智能体技术的引入，使突破对话服务模式的大模型有机会在未来彻底改变政府网站的服务与呈现形态。2022年以来，在国家自然科学基金重大项目的支持下，本书作者所在的清华大学研究团队在将政策信息学研究在人工智能的新场景下逐渐细化为面向政策智能训练、迭代和应用的政策多维解析。从政策信息学迈向政策智能的路径探索，也是作者所在的清华大学计算社会科学与国家治理实验室现在和未来的主要工作。在第十五个五年规划周期即将拉开序幕之际，对政策信息学既有研究的阶段总结和对政策智能未来方向的前瞻思考也是本书成稿的应有之义。

国家自然科学基金重大研究计划"大数据驱动的管理与决策研究"培育项目"基于网络政府数据分析的政策扩散路径与回应关切能力研究"（91646103）是本书研究工作的起点，正在进行的国家自然科学基金重大项目课题"大数据驱动的政策多维解析研究"（72293571）是在此基础上的拓展和延伸，此外，本书的相关研究工作还得到国家自然科学基金项目（72434003，71974111）、国家社会科学基金项目（24BZX082）和北京市社会科学基金重大项目（25ZDA11）的资助，特此致谢。本书作者所在的清华大学计算社会科学与国家治理实验室为本书研究工作的开展提供了重要的数据与方法支撑，本书也可视为实验室交叉学科前沿探索的阶段成果。本书作者感谢清华大学陈国青、过勇、彭刚、杨永恒等老师及清华大学中国发展规划研究院等研究机构对相关研究和实验室建设的支持与指导，也感谢中国科学院自动化研究所曾大军、中国科学技术大学魏玖长、中南大学徐选华、中国地质大学（武汉）於世为等专家及其研究团队在多次学术交流中为本书相关研究提供的指导。书中的研究工作还有上海外国语大学马宝君，复旦大学范梓腾，河海大学李晓方，南开大学黄梅银，清华大学张少彤、周亮、王理达、陈思丞、魏莹、罗亚、王瑀、唐思思等老师和同学的学术贡献，特此一并致谢。特别感谢清华大学"西部之光"项目访问学者、四川开放大学杨锐老师在全书统稿、审读、校对等环节的出色工作。感谢科学出版社编辑团队所付出的辛勤努力。

最后，感谢在中国数字政府发展进程中所有为各级政府网站工作辛勤付出的实践者，你们的努力是本书研究得以存在的前提。

本书作者 2025 年夏于清华园

目 录

- 第1章 绪论：政府网站发展与政府网站绩效评估 ··········· 1
  - 1.1 政府网站的发展历程 ··········· 1
  - 1.2 政府网站绩效评估变迁 ··········· 5
  - 1.3 本章小结 ··········· 10
- 第2章 绩效数据研究：政府网站绩效描述与影响因素分析 ··········· 11
  - 2.1 政府网站发展的描述性分析 ··········· 11
  - 2.2 基于绩效差异的回归分析 ··········· 17
  - 2.3 基于绩效差距的回归分析 ··········· 20
  - 2.4 基于绩效公开方式的断点回归分析 ··········· 26
  - 2.5 本章小结 ··········· 31
- 第3章 数据与方法：政府网站内容与政策信息学 ··········· 33
  - 3.1 政府网站内容数据获取 ··········· 33
  - 3.2 政策信息学的基础理论 ··········· 37
  - 3.3 政策信息学的方法体系 ··········· 41
  - 3.4 本章小结 ··········· 46
- 第4章 描述性研究：基于主题建模的注意力分配识别 ··········· 48
  - 4.1 从人工编码到主题模型自动编码 ··········· 48
  - 4.2 政策议题设置与注意力分配 ··········· 51
  - 4.3 基于主题模型的政策注意力识别与描述 ··········· 54
  - 4.4 本章小结 ··········· 69
- 第5章 类型性测度构建：基于机器学习的组织声誉理解 ··········· 72
  - 5.1 研究场景与理论基础 ··········· 72
  - 5.2 测量方法与数据来源 ··········· 74
  - 5.3 基于机器学习的测量过程 ··········· 75
  - 5.4 实证结果与稳健性检验 ··········· 78
  - 5.5 本章小结 ··········· 83
- 第6章 解释性测度构建：注意力机理与政策扩散 ··········· 85
  - 6.1 注意力机理 ··········· 85
  - 6.2 政策扩散 ··········· 92
  - 6.3 本章小结 ··········· 101

第 7 章　因果推断：关键变量测量突破后的理论发现 ·················· 102
7.1　中央政策层级扩散影响因素分析 ······················· 102
7.2　回归分析与鲁棒性检验 ····························· 107
7.3　结果讨论与未来展望 ······························ 110
7.4　本章小结 ··································· 112

第 8 章　场景应用：政府网站内容数据视角下的政策执行 ············· 114
8.1　理论基础 ··································· 114
8.2　基于文本分析的测度构建 ··························· 118
8.3　政策执行分析结果 ······························· 123
8.4　本章小结 ··································· 127

第 9 章　未来展望：从政策信息学到政策智能 ····················· 129
9.1　决策支撑是数据赋能政府治理的新方向 ··················· 129
9.2　大语言模型技术突破带来的新机遇 ······················ 130
9.3　面向新情境的政策信息学 ··························· 131
9.4　立足交叉融合的政策智能 ··························· 132

参考文献 ·· 134

第 1 章 绪论：政府网站发展与政府网站绩效评估

本书关注政府网站数据中的政策信息学研究，政府网站及相关数据是研究的基础。在政府数字化建设中，政府网站作为政府信息公开、在线服务、政民互动的第一平台，是网络时代政府履行职责的重要平台。其中，绩效评估作为强化政府外部问责、激励政府网站不断改进的有效机制，在政府网站建设和发展中取得了极大的发展，并发挥了以评促建、以评促管、以评促用的重要作用。本章主要对政府网站的发展历程和绩效评估的变迁情况进行介绍。首先，围绕政府网站的发展历程，在充分吸收借鉴既有阶段论的基础上，本章基于连续多年开展全国政府网站绩效评估工作的经验和思考，认为政府网站的发展历程可分为政府上网阶段、内容丰富阶段、整顿规范阶段和融合提升阶段，并梳理了每个阶段的发展背景、政策目标和政策工具。其次，围绕政府网站绩效评估，本章梳理了评估主体和评估模式的变迁情况，并对比分析了评估指标的变化情况。

1.1 政府网站的发展历程

随着信息技术的快速发展，信息技术的引入和广泛应用被认为是 20 世纪末和 21 世纪初政府创新的主要原动力之一（Dunleavy et al.，2006；马亮，2013a）。当前，随着新一代信息技术的快速发展，以数字化、网络化、智能化为特征的信息化浪潮蓬勃兴起，我国明确提出要建设网络强国、数字中国（刘淑春，2018）。政府网站作为数字政府对外服务和沟通的重要界面，承载着网上政府建设的重要使命，是信息化条件下政府同群众密切联系的重要桥梁、打牢政府施政民意基础和社会基础的重要渠道、网络时代政府履行职责的重要平台、打造法治政府和阳光政府的重要载体（王仲伟，2014）。自 20 世纪末"政府上网工程"启动以来，政府网站在公众获取政府信息、使用在线服务、开展互动交流中发挥了积极作用，逐渐成为各级政府创建"透明、服务、民主"型政府的重要手段，对提高公共管理和服务能力具有十分重要的意义和作用（孟庆国和李晓方，2017；李晓方等，2019）。

针对政府网站中普遍存在的"更新不及时、内容不准确、互动不回应、服务不实用"等"四不"问题，2015 年国务院办公厅组织开展第一次全国政府网站普查，明确了政府网站建设的底线标准，建立了常态化监管机制。2016 年以来，国家大力推动"互联网+政务服务"，推动建设全国一体化在线政务服务平台。2017

年,国务院办公厅印发《政府网站发展指引》提出了"建设整体联动、高效惠民的网上政府"的发展目标,赋予政府网站新使命,从"政府上网"到"网上政府",政府网站发展任重道远。在此背景下,回顾我国政府网站的发展历程,梳理各发展阶段的关键性举措和突出特征,分析各阶段的政策目标、工具和产出,反思各阶段存在的问题和不足,总结其发展逻辑和成功经验,具有重要的理论价值和实践意义。

关于我国政府网站发展的阶段划分,已有研究主要有三种观点:一是以政府网站建设的侧重点作为划分标准,提出了"技术导向、内容导向和服务导向"三阶段论(张向宏等,2007a);二是基于生命周期理论,将发展阶段分为"初始起步、快速发展、加强服务和'互联网+政务'"四个阶段(刘佩,2019);三是关注政府网站和互联网的关系,提出了"'+互联网'、互联网化、'互联网+'"三阶段论(张锐昕和王玉荣,2019)。上述研究对于深刻理解我国政府网站的发展历程,具有重要的参考意义。本书基于连续多年开展全国政府网站绩效评估工作的经验和思考,将政府网站建设实际与国家政策要求、国际发展趋势相结合,提出了政府上网、内容丰富、整顿规范和融合提升四个阶段。

1.1.1 政府上网阶段(约 1996～2005 年)

20 世纪末,国家启动"政府上网工程",号召各级政府及部门在互联网上建立站点,实现政府职能上网,并提出在 2000 年实现 80%以上部委和各级政府开通网站的目标(王守炳,2000)。推动政府上网,是顺应网络时代发展的必然举措,不仅可以提高政府透明度,降低行政费用,提高办事效率,还可加强政府与公众的沟通,推动国民经济和社会信息化的发展,给政府管理带来新的机遇(张锐昕和黄波,2000)。

在国家的大力推动及一系列政策的激励引导下,各级政府及部门纷纷开通政府网站,数量快速增加。2006 年 1 月 1 日,中华人民共和国中央人民政府门户网站(www.gov.cn)正式开通,填补了层级体系顶层环节的空白,至此我国部委、省级、地市级政府网站拥有率超过 90%,县级政府网站拥有率超过 80%,"金字塔"形的体系框架基本形成(张向宏等,2007b)。

在政府上网阶段,政策目标以"政府上网"为主;政策工具以"鼓励支持型"为主,如《国家信息化领导小组关于我国电子政务建设指导意见》等;政策产出基本达到预期目标,即各级政府及部门纷纷开通政府网站,网站数量大幅增加,网站拥有率极大提升。从建设情况来看,该阶段的政府网站以解决"有无"为首要任务,网站内容以概况信息、动态信息、政策文件等基础信息为主,但信息公开和服务的深度不足,网站功能以最基本的信息发布、导航链接为主,但查询、申报等功能匮乏。

1.1.2 内容丰富阶段（约 2006～2014 年）

针对政府上网阶段存在的内容单薄、功能匮乏等问题，2006 年 12 月，国务院办公厅印发《关于加强政府网站建设和管理工作的意见》，从着力加强政府信息发布、切实提高在线服务能力、持续拓展公益服务、稳步推进互动交流、不断改进网站展示形式、切实提高技术保障水平、有效提升安全保障能力、进一步完善运行管理机制等方面明确政府网站建设重点。2007 年 4 月，《中华人民共和国政府信息公开条例》（以下简称《政策信息公开条例》）颁布，以法律形式明确政府网站是政府信息公开的重要渠道，为政府网站信息内容建设提供了政策依据。自 2006 年《关于加强政府网站建设和管理工作的意见》、2008 年《政策信息公开条例》实施以来，全国各级政府网站建设呈现出新的面貌，特别是信息内容建设成效显著，网站内容逐步向全方位信息公开、办事服务和互动交流转变。

该阶段政策目标以"丰富内容"为主；政策工具以"引导发展型"为主；政策产出体现为网站信息类型和数量的大幅增多。从建设情况来看，网站信息除机构职能、工作动态、政策文件、规划计划等基础性信息外，还涵盖环境保护、食品药品、住房保障等重点领域信息；网站办事服务不仅包括行政许可、行政确认、行政给付等行政权力事项，还包括公共教育、劳动就业等公共服务事项；网站的互动交流提供咨询投诉、征集调查和在线访谈等多种渠道。但在快速发展过程中，顶层设计缺乏和各自为政的建设管理模式，催生了"烟囱林立、信息孤岛"问题，政府网站整体呈现小、散、乱的碎片化特点，"四不"问题饱受诟病。

1.1.3 整顿规范阶段（约 2015～2017 年）

上述"四不"问题的广泛存在，以及"僵尸""睡眠"等现象的普遍存在，对政府网站的杀伤力、破坏力巨大，特别是经过新闻媒体的宣传报道后，部分事件还形成了网络舆论，极大地影响了政府网站和政府的整体形象。国务院相关领导指出，必须立即行动，采取果断措施，坚决遏制少数政府网站的不作为、胡作为（王仲伟，2014）。在此背景下，2015 年 3 月，国务院办公厅印发《关于开展第一次全国政府网站普查的通知》，对全国政府网站开展首次普查。2015 年 12 月，国务院办公厅印发《关于第一次全国政府网站普查情况的通报》，对普查情况进行了通报，基本摸清了全国政府网站底数，有效解决了突出问题，促进了政府网站管理服务水平和社会公信力的提升。

2016 年以来，为进一步巩固普查成效，国务院办公厅每季度开展抽查检查并通报结果，并且开设"我为政府网站找错"监督举报平台，接受社会监督。在国务院办公厅的强力推动下，各地区、各部门明确了政府网站主体责任，建立了常态化监管机制，不少地方将监管结果纳入政府年终绩效考核。随着不合格政府网站的关停和整改,政府网站数量得以大幅精简,网站总数从 2015 年底的 84 094 个精简至 2019 年底的 14 544 个[①],精简幅度达到 82.7%。2015~2019 年中国政府网站数量变化情况如图 1.1 所示。

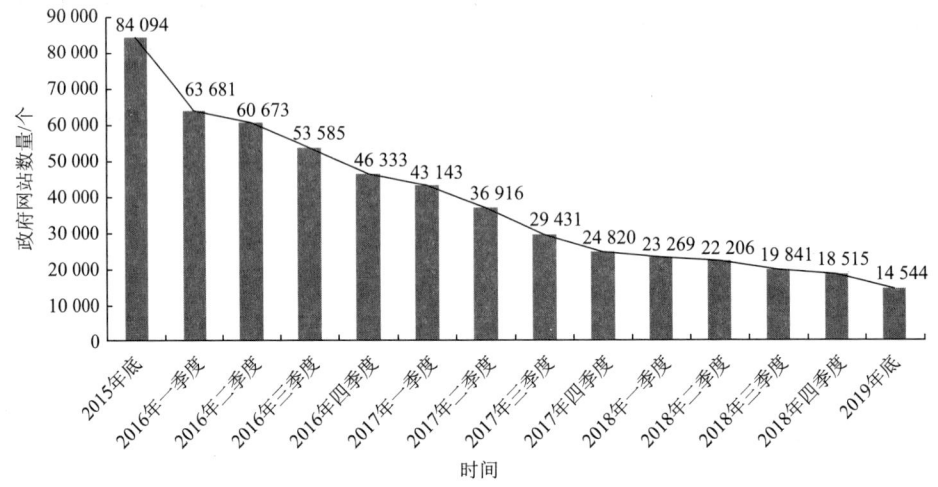

图 1.1　2015~2019 年中国政府网站数量变化情况

在整顿规范阶段,政策目标以"规范整合"为主,即解决"四不"问题,对基层网站进行整合;政策工具以"规制管制型"为主,综合运用了底线标准、通报批评、媒体引导和社会监督等多种政策工具;政策产出则体现在有效解决了政府网站"四不"、"僵尸"和"睡眠"等问题,建立了常态化、制度化的监管机制,网站管理水平和规范性大幅提高。

1.1.4　融合提升阶段(约 2017 年至今)

为引领网站创新发展,提升服务能力,2017 年 5 月国务院办公厅印发《政府网站发展指引》,从职责分工、开办关停、信息内容、集约共享、创新发展、安全防护和机制保障等方面,对政府网站做出了全面性、系统性和前瞻性的部署,特别是明确了"建设整体联动、高效惠民的网上政府"的目标,为下阶段政府网站的发展指明了方向。2018 年 10 月,针对政府网站建设分散、数据不通等问题,国务院办公厅印发《政府网站集约化试点工作方案》,提出按照统一标准体系、统一技术平台、统一安全防护、统一运维监管的要求,推进数据融通、服务融通、应用融通。

以贯彻落实《政府网站发展指引》和《政府网站集约化试点工作方案》等文

---

① "全国政府网站基本信息数据库"已关闭,后续数量无法查询。

件为目标,2019 年 4 月,国务院办公厅制定了《政府网站与政务新媒体检查指标》和《政府网站与政务新媒体监管工作年度考核指标》,全面升级检查指标,既无缝衔接了普查和指引的要求,又提出了更高、更明确的标准,成为未来政府网站发展的准绳。与此同时,《国务院关于加快推进"互联网+政务服务"工作的指导意见》《国务院关于加快推进全国一体化在线政务服务平台建设的指导意见》等系列文件发布,部署推进"互联网+政务服务"。截至 2018 年 12 月,省级政务服务平台建成率已达到 100%;2019 年 11 月,全国一体化在线政务服务平台整体上线试运行,接入地方部门 300 万余项政务服务事项和一大批高频热点公共服务,为优化营商环境、便利企业和群众办事、激发市场活力和社会创造力、建设人民满意的服务型政府提供了有力支撑。

在融合提升阶段,政策目标以网上政府为主,即解决政府网站"服务能力"问题,提升一体化服务能力;政策工具以"先进示范型"为主,综合运用了标准规范、集约整合、试点推广、考核评估、表彰先进等多种政策工具;政策产出则体现在各地通过集约整合,推进数据融通、服务融通、应用融通,初步实现了资源优化融合、平台整合安全、数据互认共享、管理统筹规范、服务便捷高效。但总体而言,当前网上政府建设仍处于起步期,依托于政府网站的网上政府服务能力尚需持续优化和提升。

1.2 政府网站绩效评估变迁[①]

绩效评估是推进政府网站绩效提升的重要力量,不仅能够全面摸清网站建设和应用现状,还有助于总结经验与不足,不断推进政府网站持续改进与优化。我国从 2002 年开始对政府网站进行绩效评估工作,并持续至今。对政府网站绩效评估工作的主体、模式、内容和结果进行研究和分析,有助于总结绩效评估工作的思路和理念,对充分认识政府网站的建设与发展路径具有重要意义。结合我国行政管理体制特点和政府网站建设实际情况,绩效评估工作主体及模式可以概括为"四类主体、三种模式",评估指标则以"信息公开、在线服务和互动交流"为主,并保持了较强的延续性和继承性。

1.2.1 政府网站绩效评估主体

在我国,有四类主体能够发起或组织实施政府网站绩效评估,分别是政府信息化主管部门、行政业务主管部门/效能监察部门、第三方机构和网民。各类评估主体的绩效评估工作的侧重点、优势和局限性各不相同。

---

① 本节部分研究成果曾在作者团队成员参与的周亮(2010)的学术论文中发表。

1. 政府信息化主管部门

以政府信息化主管部门作为主体的政府网站评估，相对更关注政府网站技术平台建设，以完善技术平台建设和推广应用为目标，通过信息技术的应用推进政府职能转变和管理方式创新。优势是能够推动政府部门快速地建立起政府网站的技术平台，为行政职能网上运行提供基础支撑和保障。但受职能所限，政府信息化主管部门难以高效协调各行政业务部门，因此不利于统一推进网站资源建设与维护工作，不能满足政府网站长期发展对内容资源的需求。

2. 行政业务主管部门/效能监察部门

以行政业务主管部门/效能监察部门作为主体的政府网站评估，往往以网站内容建设为重点，将政府网站作为展现政府效能的窗口，关注内容对政府行政职能的覆盖，以期推动政府网站建设与行政效能建设相结合。优势是能够对政府行政业务资源进行统一、高效的协调，快速有效地丰富网站服务内容，规范服务形式，并通过对网站的效能监察推动政府行政效能的提升。但由行政业务主管部门/效能监察部门发起的绩效评估，更多地从内部视角出发关注政府网站对行政管理效能提升的推动促进作用，而满足外部用户需求的意识相对薄弱。

3. 第三方机构

第三方机构开展的政府网站评估，往往基于用户视角和网站建设的自身规律，对网站内容、服务效果进行全方位的评估。优势是第三方机构的评估过程专业性较强，评估视角既能代表用户诉求，也能体现政府主管部门的意志；评估结果公正客观，并能基于评估结果为政府网站建设提出专业性的意见建议。但第三方机构往往不具备采集网站技术建设和行政效能等相关内部工作数据的优势，评估工作快速广泛地发挥引导作用需要借助政府主管部门。

4. 网民

以网民作为主体的政府网站评估，侧重点主要是网站内容是否实用、服务形式是否人性化、服务效果是否满意。优势是代表了对政府网站发展和应用水平的最高要求，能推动政府网站真正地成为转变政府行政职能和满足公众需求的平台。但由于网民群体的分散性和难以组织，以网民为主体的评估存在工作难度大和工作量较大的问题，需要依靠各政府网站建设部门的自觉性，自发地组织、鼓励、引导用户对网站的评估，从而根据网民满意度、需求与使用习惯的变化，推进政府网站的持续改进。

可以看到，上述四类主体发起的政府网站绩效评估有着非常鲜明的特征。首先,存在评估视角差异。前两类评估主体更多地从政府内部资源建设的角度出发开展评估,而后两类评估主体则更多地从外部应用效果层面对政府网站的应用发展水平进行评估。其次,存在评估目的差异。政府信息化主管部门发起评估的目的是解决政府网站平台有无的问题和基本功能完善的问题;行政业务主管部门/效能监察部门发起评估的目的则是通过网站功能建设,最终实现行政管理和服务效能的提升;而第三方机构和网民发起的绩效评估则更多地关注网站对网民需求的满足程度,目的是推动政府服务水平稳步提升。

1.2.2 政府网站绩效评估模式

评估模式即评估主体开展工作的方式方法,按照评估发起者和组织者的身份特征以及评估目的的不同,评估模式可以分为内评估、外评估和内外评估相结合等三种模式。在政府网站不同的发展时期,应基于发展的主要需求和目的采用相应的评估模式,以此才能最大限度地发挥绩效评估工作的促进作用。

1. 三种评估模式

(1) 内评估模式。内评估模式通常是由政府部门发起和组织的对政府网站建设情况进行评估的模式,带有较强的工作检查色彩。这种评估模式通过对政府网站的资源(包括技术资源和内容资源)建设情况进行评估,以此来推动国家相关工作部署落实。结合前文对评估主体的论述可以看到,发起内评估的主体通常为政府信息化主管部门或行政业务主管部门/效能监察部门。

(2) 外评估模式。外评估模式通常是由第三方机构或网民用户发起和组织的对政府网站应用效果情况进行评估的模式。可以看到,这种评估模式对政府网站的后台资源建设关注度不高或没有关注,网站的实际服务效果及提升情况则是其评估重点。

(3) 内外评估相结合模式。内外评估相结合模式在内容方面综合了上述两种模式的评估要点,而在实施方式上则表现为政府信息化主管部门或行政业务主管部门/效能监察部门委托第三方评估的形式。国际上电子政务发展水平领先的国家比较广泛地采用了这种评估模式,我国也长期通过内外共评的方式推进网站建设。由于在内容上既综合考虑了政府网站内部资源的建设情况,也纳入了用户对网站引用效果的评价,因此内外评估相结合模式比较好地将政府网站建设支撑行政效能建设和服务公众两种理念融合,也将不同评估主体的评估优势比较完善地融合起来。

2. 不同阶段的评估模式选择

我国政府网站发展阶段按照发展水平由低到高的顺序,可以分为技术导向、内容导向和服务导向三个阶段。在不同发展阶段,政府网站的建设目标和核心工作任务均有区别,并体现出政府网站发展水平从低到高的动态发展历程,各类评估模式也具备不同的作用力。

在技术导向阶段,我国政府网站建设目标是快速提升政府网站的普及率,基本形成政府网站初步的层级体系。其核心任务之一就是加快政府网站平台建设,重点解决政府网站系统平台的有无问题。在内容导向阶段,我国政府网站建设的目标是最大限度丰富政府网站的信息和服务,并通过政府网站建设不断提升行政效能。其核心任务是丰富网站内容,规范服务形式,建立保障机制。在服务导向阶段,实现政府网站全面人性化服务是其发展的最终目标。其核心任务是深入挖掘用户服务需求,提升政府网站的人性化和专业化程度,提升用户满意度。

综合来看,在政府网站发展初期,政府信息化主管部门对网站发展的指导和评估作用力是最为显著的,对搭建和夯实政府网站基础平台、促进行政职能的网上运行具有非常明显的积极作用;在政府网站内容建设的关键时期,来自行政业务主管部门/效能监察部门的指导和推动,以及第三方机构的专业评估和网民评估,很好地体现了政府网站建设应服务行政职能转变、满足公众需求的两层含义。因此,行政业务主管部门/效能监察部门和第三方机构的共同评估能够全面体现电子政务建设服务和管理理念的融合,推进服务型政府建设。在政府网站发展的高级成熟阶段,评估主要由网民实施。

1.2.3 政府网站绩效评估指标

几乎与我国政府网站发展同步,从 2002 年开始,中国软件评测中心等第三方机构就开始组织开展政府网站绩效评估工作,评估范围覆盖国务院部委及相关单位的部门网站、省级政府网站、300 多个地级市政府网站和部分县级市政府网站,至今已连续开展多年。在 2006~2012 年,评估单位还会公开发布评估指标、评估过程、评估结果和评估报告。2016 年开始,清华大学国家治理研究院等团队也开始开展类似评估。在评估指标方面,综合对比中国软件测评中心和清华大学国家治理研究院的指标体系可以看到,两个机构均采取了"总体稳定"和"动态调整"相结合的策略,即每年在继承衔接上年指标的基础上,结合国家最新工作要求和环境变化,对评估指标进行局部微调。

对比多年评估指标可以看到,尽管每年的指标都会有所调整,但大致包括以下几类。一是信息内容,即基于政府网站三大功能定位的信息公开、在线服务和互动交流,几乎每年的评估指标都包括这三部分,尽管名称有所不同,但核心内涵和指标内容是基本一致的,如信息公开、在线服务、互动交流等。除此之外,部分年份还涉及相关指标,如舆论引导、回应关切、数据开放等,都属于信息内容范畴。二是功能支撑,包括网页设计、网站性能及设计、网站功能、新技术应用等。三是日常管理,包括日常监测、监督管理、健康情况和日常保障等。四是传播应用,包括用户调查、用户满意度、传播应用和政务新媒体等。五是优秀案例。六是其他，如工程建设领域专项评估等。一级指标如表1.1所示。

表1.1　2006~2022年政府网站评估指标类别与一级指标

类别	一级指标	年份
信息内容	信息公开、在线服务、互动交流	各年均有
	舆论引导、回应关切、数据开放等	2012年、2013年、2014年
功能支撑	网页设计、网站性能及设计、网站功能、新技术应用、平台支撑、展现设计等	2006年、2008~2009年、2012~2022年
日常管理	日常监测、监督管理、健康情况、日常保障等	2007~2009年、2011~2012年、2015年、2018~2022年
传播应用	用户调查、用户满意度、传播应用、政务新媒体等	2007~2009年、2018~2022年
优秀案例	优秀创新案例	2015年、2018~2022年
其他	工程建设领域专项评估	2011年、2012年

从时间维度来看，政府网站评估指标体系发展大致可以分为四个阶段：第一阶段为2006~2009年，指标具有较强的一致性；第二阶段为2010~2011年，指标具有较大的变化，即将多个领域主题服务细化，并升级为一级指标；第三阶段为2012~2017年，指标每年均有一定微调；第四阶段为2018~2022年，指标再次具有较强的一致性。2006~2022年地市政府网站评估一级指标的变化情况如表1.2所示（以地市政府网站为例）。

表1.2　2006~2022年地市政府网站评估一级指标的变化情况

阶段	年份	一级指标	调整情况
2006~2009年	2006	信息公开、在线服务、互动交流、网页设计	
	2007	信息公开、在线服务、互动交流、日常监测、满意度	新增日常监测和满意度
	2008	信息公开、在线服务、互动交流、日常监测、满意度、用户调查、网站性能及设计	新增用户调查、网站性能及设计
	2009	信息公开、在线服务、互动交流、日常监测、满意度、用户调查、网站性能及设计、日常保障	新增日常保障
2010~2011年	2010	教育服务、社保服务、就业服务、医疗服务、住房服务、交通服务、证件办理服务、企业开办服务、资质认定服务、信息公开、互动交流	将一级指标调整为9个领域+信息公开、互动交流
	2011	教育服务、社保服务、就业服务、医疗服务、住房服务、交通服务、证件办理服务、企业开办服务、资质认定服务、信息公开、互动交流、工程建设领域、用户认知满意度、用户调查和日常保障、婚育收养服务、公用事业服务、经营纳税服务	新增工程建设领域、用户认知满意度、用户调查和日常保障、婚育收养服务、公用事业服务、经营纳税服务

续表

阶段	年份	一级指标	调整情况
2012~2017年	2012	信息公开、主题服务、互动交流、日常监测、新技术应用、舆情引导、工程建设领域	整合各领域服务
	2013	信息公开、办事服务、互动交流、新技术应用、舆论引导、重点业务服务	新增重点业务服务
	2014	信息公开、办事服务、互动交流、舆论引导、网站功能与管理、用户满意度、数据开放	新增用户满意度和数据开放，将新技术应用改为网站功能与管理
	2015	信息公开、办事服务、互动交流、网站功能、健康情况、回应关切、优秀案例	新增健康情况，整合新增回应关切和优秀案例
	2016	信息公开、解读回应、网上办事、开放参与、平台支撑、网站应用	新增解读回应
	2017	信息公开、政策解读、政务服务、互动交流、展现设计、监督管理	新增监督管理
2018~2022年	2018~2021	信息公开、政策解读、政务服务、互动交流、展现设计、监督管理、传播应用、创新案例	新增传播应用和创新案例
	2022	信息公开、政策解读、政务服务、互动交流、展现设计、监督管理、传播应用、创新案例、政务新媒体	新增政务新媒体

注：不同年份政策指标存在微调。

1.3 本章小结

本章主要对政府网站的发展历程进行了回顾，可以看到，从国家启动"政府上网工程"以来，各地区、各部门纷纷从线下走向线上，开通政府网站，并通过政府网站发布政府信息，提供在线服务，进行互动交流，政府网站成为网络时代政府履行职责的重要平台。在政府网站的快速发展中，网站内容不断丰富，信息公开、在线服务和互动交流等内容建设全方位推进。但与此同时，部分网站中"四不"问题严重，在此背景下，国务院办公厅组织开展了第一次全国政府网站普查，明确了政府网站的底线标准，取得显著成效。当前，国家大力推动数字政府建设，政府网站也步入了融合提升的新阶段。

围绕政府网站绩效评估，本章梳理了评估主体和模式的变迁情况，并对比分析了绩效评估指标的变化情况。结合我国行政管理体制特点和政府网站建设实际情况，绩效评估工作主体及模式可以概括为"四类主体、三种模式"，其中四类主体主要包括政府信息化主管部门、行政业务主管部门/效能监察部门、第三方机构和网民，三种模式则主要包括内评估、外评估和内外评估相结合。在评估指标方面，主要围绕政府网站信息公开、在线服务和互动交流的功能定位，指标内容以信息公开、在线服务和互动交流为主，并保持了较强的延续性和继承性。

第 2 章　绩效数据研究：政府网站绩效描述与影响因素分析

政府网站经过多年的发展，积累和沉淀了大量的数据，这些数据不仅包括政府网站基础理论研究及相关文献数据，以及历年来的绩效评估数据，还包括各级政府通过政府网站发布的信息公开数据、办事服务数据和互动交流数据等文本数据。其中，绩效评估数据更偏结果性，属于结构化数据，政府信息公开等文本数据更偏过程性，属于非结构化数据，这些数据都为相关研究提供了丰富的数据基础。本章主要对绩效评估数据的相关研究进行梳理和介绍：首先是政府网站发展的描述性分析，包括政府网站发展的基础理论、绩效评估结果的总体情况等；其次是基于绩效差异的回归分析，重点关注全国不同地区政府网站绩效之间的横向差异，既有研究中有的研究将其作为因变量，也有研究将其作为自变量；再次是基于绩效差距的回归分析，重点关注不同地区在时间维度上的变化情况，介绍其背景与研究问题，变量、数据与方法，实证结果与讨论等；最后是基于绩效公开方式的断点回归分析，采用断点回归的方法，重点关注政府网站绩效评估结果公开的方式对绩效的影响，介绍其背景与研究问题，变量、数据与方法，实证结果与讨论等。

2.1　政府网站发展的描述性分析

2.1.1　政府网站发展的基础理论研究

在政府网站的早期发展中，由于理论不完善、认识不到位、定位不清晰、职责不明确、标准不统一等原因，政府网站建设和发展中存在各种问题，这在一定程度上影响了政府网站的建设成效和应用效果。在此过程中，一大批学者积极展开相关研究，提出了政府网站的功能定位、发展阶段、层级体系、服务型政府框架体系等理论成果，奠定了政府网站发展的理论基础，也引导了政府网站后续的持续发展；还有较多学者从实践出发，围绕政府网站建设现状，研究设计指标体系，开展调查评估，总结经验，发现问题并研判趋势等，也为政府网站的健康发展奠定了坚实的基础。

1. 功能定位

功能定位不同，是政府网站区别于新闻网站、商业网站等其他网站的重要因素。在政府网站建设初期，功能定位模糊不清，给政府网站快速发展带来一定阻碍。张向宏等（2007c）根据我国建设"透明、服务、民主"型政府的基本要求，提出了我国政府网站的三大功能定位，即信息公开、在线服务和互动交流，被各级政府和社会各界广泛接受和认可，并持续至今，也成为引导我国政府网站持续健康发展的重要理论基础。①建设政府网站是创建透明型政府的必要措施。政府网站是实现政务信息公开的重要窗口，通过政府网站及时发布政务信息，有利于保障公民的知情权，接受公众监督。②建设政府网站是打造服务型政府的关键环节，我国政府明确提出了创建服务型政府的要求，以政府网站为平台，向公众和企业提供"一站式"公共服务，提高政府办事效率和服务质量，提高用户满意度。③建设政府网站是营造民主型政府的重要手段。在互联网普及的地方，政府网站已逐步成为政府与公众之间重要的交流渠道，使得公众大范围地参与政府决策成为可能。总体来看，围绕创建"透明、服务、民主"型政府的重要使命任务，各级政府网站应当将信息公开、在线服务和互动交流作为主要功能定位。

2. 发展阶段

政府网站发展有其规律性和阶段性，判断政府网站发展阶段的主要因素包括技术维度、内容维度和用户维度。基于此，张向宏等（2007a）提出我国政府网站的发展将经历技术导向、内容导向和服务导向三个主要阶段。其中，在技术导向阶段，重点解决政府网站设施的有无问题，发展目标是提高我国政府网站拥有率，奠定政府网站的平台基础和组织基础。在内容导向阶段，政府网站信息公开、在线服务和互动交流三大功能定位形成普遍共识，政府网站的发展重点为解决信息和服务数量多与少的问题，发展目标是最大限度丰富政府网站的信息和服务。在服务导向阶段，政府网站已经成为普遍性的服务渠道，信息和服务已经极为丰富，内容和功能得到大多数企业和社会公众的认可并被广泛应用，政府网站成为生产生活中不可缺少的重要平台性工具，重点解决政府网站服务质量好坏的问题，发展目标是提升我国政府网站的社会认知度和满意度。总体来看，技术导向阶段是政府网站发展的起步阶段，网站建设以基础设施和系统平台建设为主；内容导向阶段是政府网站发展的提升阶段，网站内容以信息公开、在线服务和互动交流三大功能并重为主；服务导向阶段是政府网站发展的成熟阶段，网站内容以针对用户需求提供个性化、人性化、专业化的服务为主，评价指标则以用户认知度和满意度指标为主。

3. 层级体系

随着中央人民政府门户网站的开通,我国政府网站层级体系的架构基本完善,"金字塔"形的体系框架基本形成(张向宏等,2007b),包括四个层级和三种关系。

(1)四个层级:我国政府网站的层级体系,与我国的行政体系是一致的。处于顶层的政府网站是唯一的,即中央人民政府门户网站。处于第二层级的政府网站包括各副省级以上地方政府门户网站,以及国务院部委及直属机构网站,这些网站对中央人民政府门户网站具有直接的内容保障作用。处于第三层级的政府网站包括各地市政府门户网站,以及副省级以上地方政府组成部门、直属机构及垂直管理部门的网站,这些网站将直接为处于第二层级的政府网站提供内容保障。处于第四层级的政府网站包括县级政府网站,以及地市级政府组成部门、直属机构、垂直管理部门的网站。

(2)三种关系:①政府门户网站与部门网站间的关系,反映了一级政府与各组成部门之间的关系,是一种深度整合的关系;②政府门户网站与政府门户网站间的关系,反映了两级政府之间的承接关系,是一种以资源连接为主的关系;③部门网站与部门网站间的关系,反映了同一系统中上下级政府部门之间的业务指导或管理关系。

4. 服务型政府框架体系

随着服务型政府建设的不断推进,建设服务型政府网站成为必然方向,这既是国家建设服务型政府的必然要求,也是"以人为本"服务理念的重要体现,还是国际领先政府网站发展的普遍规律。王友奎等(2011)提出的服务型政府网站框架体系,由用户层、展现层、内容层和保障层四层组成。用户层是服务型政府网站建设的导向和原动力,必须始终把用户作为网站建设的中心,把用户需求作为网站建设的导向,把用户满意作为衡量标准。展现层是服务型政府网站的窗口和服务的载体,必须结合用户需求和使用习惯,按照一体化、流程化、场景化等形式组织内容,人性化设置导航,围绕流程整合服务资源,确保网站好用、易用。内容层是服务型政府网站建设的核心,是网站向社会公众提供服务的基础,要着重服务于保障和改善民生,服务于保障公民和企业合法权益,服务于透明民主决策,这已成为服务型政府网站建设的重点内容。保障层是服务型政府网站向用户提供服务的前提,要树立服务意识,健全机制保障和内容保障等。总体来看,需求是导向,栏目是载体,内容是核心,保障是前提,四者有机结合,从用户需求出发,整合面向民生需求、公民和企业合法权益、透明政府和科学民主决策的信息及服务资源,建立健全的机制、人性化、场景化设计栏目并组织网站内容,最终让用户满意。

2.1.2 政府网站绩效评估结果的总体情况

开展绩效评估，是推进政府网站绩效提升的重要力量。绩效评估工作的开展，不仅能够全面摸清网站建设和应用现状，还有助于总结经验与不足，不断推进政府网站持续改进与优化（周亮，2010）。自 2002 年以来，我国政府网站绩效评估工作已经连续开展多年，中国软件评测中心、清华大学国家治理研究院等团队及学者不断完善评估体系，优化改进评估指标，开展调查评估工作，总结趋势特点（王友奎等，2016）。例如，张少彤等（2013，2014）介绍了政府网站绩效评估指标体系的设计思路及调整情况，发布了评估结果，分析了网站的亮点与成绩，指出了存在的问题与不足。2015 年，针对一些网站存在的"四不"等问题（王仲伟，2014），国务院办公厅组织开展了第一次全国政府网站普查，明确了政府网站的底线标准，取得了良好成效（张少彤等，2016a），不仅摸清了全国政府网站的底数，遏制了"四不"等问题，还初步建立起政府网站健康运行的管理机制和监督问责机制，推动了"互联网+政务服务"的探索创新实践。

在连续多年的政府网站绩效评估中，评估指标每年在动态调整和变化，评估结果的发布方式也在不断调整。例如，中国软件评测中心在 2013 年之前会发布全部评估对象的绩效得分情况，但从 2013 年开始，仅发布排名靠前的一部分评估对象，如地市仅发布前 100 名，100 名之后的则不再发布。清华大学国家治理研究院团队则一直按照"靠前榜单+梯度分布"相结合的方式，发布评估结果，排名靠前的网站能查询到各指标详细得分，全部网站均可查询到梯度分布情况，梯度具体分为卓越、优秀、良好、中等、待改进五个层级。

马亮和刘柳（2018）曾对两组数据进行了对比和分析，认为两项评估覆盖的对象一致，指标体系设置存在较多的相似之处，信度检验发现，国务院、省、地市三级政府网站评估结果的 Pearson（皮尔逊）相关系数依次为 0.600、0.649、0.424，Spearman（斯皮尔曼）相关系数分别为 0.667、0.660、0.537，均在 95%的置信水平上显著，呈中度正相关，因此两者的评估得分具有较强的一致性，并且清华大学公布的数据相对更加全面。因此，下面主要基于清华大学公布的数据，简要分析 2016~2022 年评估结果的变化情况。

图 2.1 显示了 2016~2022 年各级政府门户网站梯度分布变化情况。其中，综合指数在 0.9（含）以上的为卓越，指数在 0.8（含）至 0.9 之间的为优秀，指数在 0.7（含）至 0.8 之间的为良好，指数在 0.6（含）至 0.7 之间的为中等，指数在 0.6 以下的为待改进。从各网站梯度分布变化情况可以看到：①所有网站中尚无网站处于卓越梯度。②从时间维度来看，处于优秀和良好梯度的网站占比整体呈上升趋势，中等和待改进网站占比持续下降，说明各类网站绩效水平整体呈上升趋势。③从网站层级来看，省级政府门户网站处于优秀和良好梯度的占比最

高，2021年和2022年已无网站处于待改进梯度，说明省级政府门户网站整体水平相对较高；与之相对应的是区县政府门户网站，中等和待改进网站的占比相对较高。

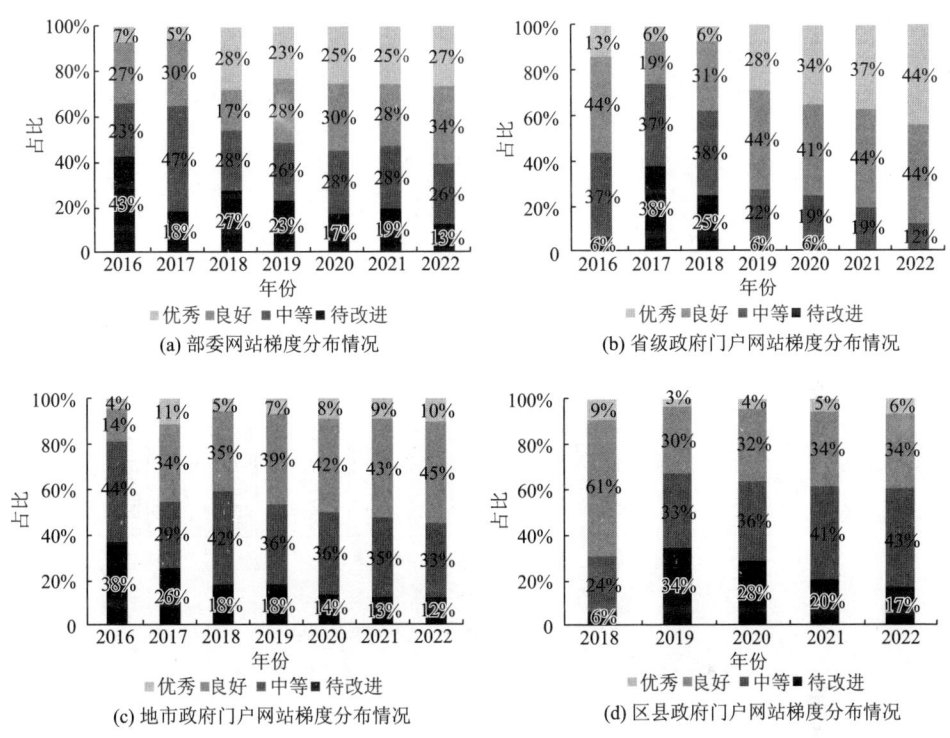

图2.1 2016~2022年各级政府门户网站梯度分布变化情况

在2016~2022年的评估和结果中，政府网站的划分有两种方式，2016~2018年分为部委、省级、计划单列市和省会城市、地级市网站，2019~2022年则进一步细分为部委、省（自治区）、直辖市、计划单列市、省会城市、地级市和区县网站。图2.2和图2.3展示了两个时间段的网站绩效得分情况。可以看到：第一，从时间维度来看，各类网站的绩效得分总体呈上升趋势；第二，从类别维度来看，直辖市和计划单列市政府网站总体绩效水平最高，部委、省（自治区）和省会城市的政府网站次之，地级市政府网站再次之，相对而言，区县级政府网站总体绩效水平相对最低。

在各类网站绩效得分的基础上，进一步将各类网站合并成部委、省级、市级和区县四类，并对绩效得分进行折算，结果如图2.4所示。通过图2.4可以更加清晰地看到：从时间维度来看，各类网站的绩效总体呈上升趋势；从类别维度来看，省级网站绩效水平最高，部委次之，市级再次之，区县相对最低。其中，评估范

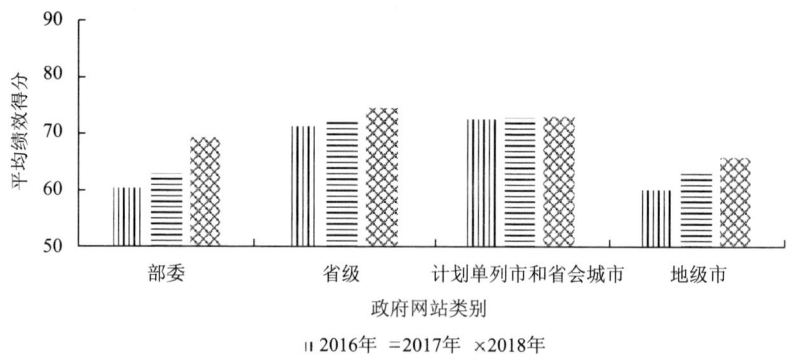

图 2.2 2016～2018 年各类政府网站绩效得分情况

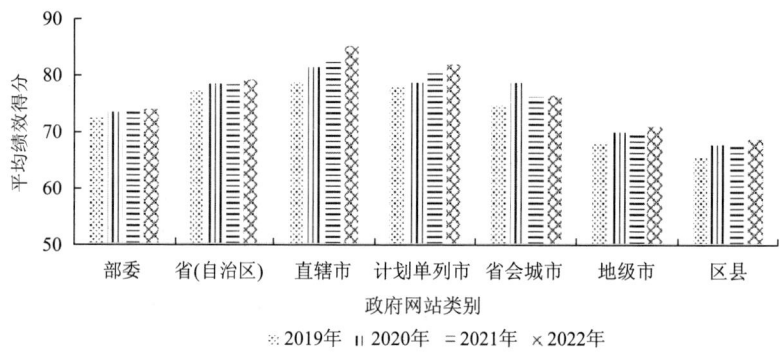

图 2.3 2019～2022 年各类政府网站绩效得分情况

围内的区县仅包括直辖市和副省级城市所辖区县,如果将全国所有区县政府网站都纳入,其绩效水平无疑将更低。

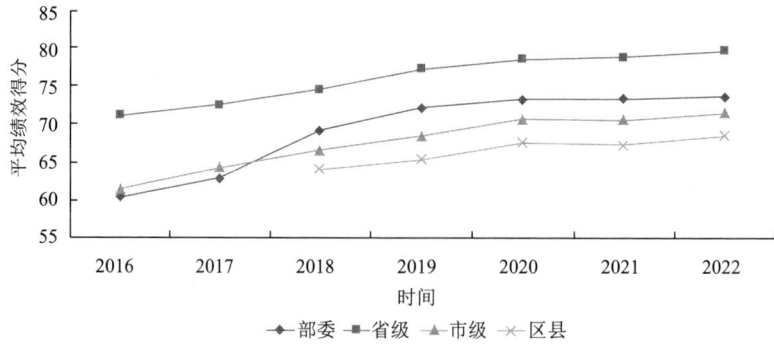

图 2.4 2016～2022 年各类政府网站绩效得分变化情况

2.2 基于绩效差异的回归分析

2.2.1 政府网站绩效作为因变量

基于政府网站绩效评估结果，大量学者从不同角度展开分析和研究，其中一大分支就是将政府网站绩效结果作为因变量，展开实证分析。这类研究大致可分为两类：第一类直接将政府网站绩效作为因变量，分析其影响因素等；第二类使用政府网站绩效来衡量电子政务发展水平等其他因变量，进行实证分析。

第一类研究直接围绕政府网站总体绩效或者二级指标（信息公开、在线服务、互动交流）绩效展开分析。例如，叶志鹏和李蹊（2021）以省级政府网站建设为例，基于2005年至2013年的政府网站总体绩效得分，以及三个二级指标（信息公开、办事服务、互动交流）得分情况，从治理模式的类别归属、地方政府的动态响应机制以及中央治理模式的转变，剖析了行政指导的运作逻辑。实证分析发现：中央行政指导对地方政策响应力度的影响显著且具有边际递减效应。具体而言，中央政府于2007年和2011年两次出台相关政策，显著提升了省级政府网站的绩效。马亮（2012a）基于地市级政府网站绩效评估中的信息公开指数，对政府透明的影响因素进行实证研究。研究发现，政府能力、上级政府压力、法治化进程以及公民的教育水平和上网比例等因素同政府信息公开显著正相关，而财政资源和公民收入水平同政府信息公开无显著相关关系。顾海兵和张敏（2014）以我国292个地级市为研究对象，分析了政府网站绩效得分与经济发展水平的相关关系。结果发现，就东部地区而言，政府网站建设质量与人均收入水平显著正相关，但中部和西部地区二者之间不存在显著正相关关系。此外，研究表明，地级市行政环境对政府门户网站绩效有显著影响。

第二类研究一般使用政府网站绩效来测量其他变量，常用政府网站绩效来衡量电子政务发展水平。例如，陈朝兵和杜荷花（2020）运用模糊集定性比较分析方法，实证分析我国省级政府电子政务绩效（采用政府网站绩效进行赋值）的影响因素。结果表明，省级政府电子政务绩效受到多种复杂因素的影响。其中，政策支持是影响省级政府电子政务绩效的关键因素，领导重视、政策支持、人均财政收入、人均地区生产总值、互联网普及率、高等教育水平等因素通过条件组合的形式影响省级政府电子政务绩效。马亮（2012b，2013a）基于政府创新扩散理论，采用中国地级市政府网站绩效评估数据，对电子政务发展水平的影响因素进行了实证研究。研究发现，府际竞争、府际学习、上级政府压力、政府资源与能力等因素都同政府网站发展水平显著正相关；此外，人均地区生产总值、人口规模、城市行政级别等因素也与政府网站发展水平显著正相关。马亮（2012c）采用

2004～2009年中国省级面板数据,对电子政务发展水平(通过政府网站绩效指数进行衡量)的影响因素进行实证研究。研究发现,政府资源和能力、公众需求、区域环境特征等内部因素与电子政务发展显著正相关,区域扩散效应也对电子政务产生显著的正向影响。

2.2.2 政府网站绩效作为自变量

在基于政府网站绩效评估结果的研究中,另一大分支是将政府网站绩效作为自变量,这类研究也可分为两类:第一类直接将政府网站绩效作为自变量,第二类将政府网站绩效作为其他因变量的测度指标。

第一类研究直接将政府网站绩效作为自变量,分析其对其他变量的影响。例如,王立华(2018)以政府信息公开为自变量,基于288个城市政府网站绩效评估中的信息公开得分数据,论证其对政务微博互动交流的影响,发现政府信息公开对政务微博互动交流有显著的正向影响,公众满意度在政府信息公开和互动交流之间承担部分中介作用,环境质量对政府信息公开和互动交流之间的关系有显著的正向调节作用。王益民和刘密霞(2016)基于政府网站绩效等数据,分析了中国338个城市的电子参与情况,发现政府信息公开与电子参与有正相关关系。政府信息公开被认为是加强社会监督并抑制腐败的重要机制,马亮(2014a)基于城市政府网站绩效评估中的信息公开数据,实证分析了政府信息公开对政府廉洁的影响,发现政府信息公开对政府腐败水平产生了负向影响,但仅在部分指标上是统计显著的,表明政府信息公开的反腐作用有限。岳洪江(2018)在分析中国地区智库运行效率及影响因素时,将政府网站作为影响因素之一,发现各省区市政府网站绩效指数和对外开放指数是影响各地区智库发展指数的两个最重要的因素。

在政府网站绩效水平与使用率关系的研究中,马亮(2014b)采用中国36个主要城市的大样本居民调查数据,实证研究了公民应用电子政务的影响因素,以及政府网站绩效对公民使用政府网站的作用,发现政府网站及其三个子维度(信息公开、在线服务和互动交流)的绩效都未对公民使用政府网站产生显著影响。与此类似,马亮(2014b)采用中国36个城市的企业抽样调查数据,发现尽管政府网站绩效同企业满意度存在正相关关系,但效应并未达到统计意义上的显著水平。但马亮和刘柳(2018)采用56个国务院部委网站、32个省级政府网站和306个地市级政府网站的绩效评估得分和流量数据,实证发现三级政府网站的绩效都同公民使用率存在显著正相关关系,电子政务绩效越高,公众越会使用政府网站。

第二类研究较多使用政府网站绩效来衡量电子政务发展水平,如张军和倪星(2020)采用中国282个地级市政府的相关调查数据进行分析,发现电子政务确实能够显著提升地区的清廉水平,地区电子政务发展水平(通过政府网站绩效指数进行衡量）越高，公众经历的索贿、贪污类腐败事件的比例就越低，对政府的清廉感知水平就越高。马亮（2012c）在公安微博扩散研究中，以政府网站绩效评估得分衡量城市电子政务发展水平，发现政府规模、互联网普及率、省内其他地市公安部门开通微博的比例、上级公安部门的微博开通情况与被研究辖区公安微博开通概率显著正相关，而辖区财政资源状况、人均地区生产总值、电子政务发展水平、公共治安状况等与公安微博开通情况无显著相关关系。Wang 等（2022）使用政府网站绩效来衡量地区电子政务发展水平，发现电子政务发展水平与智能问答机器人的绩效显著正相关。

还有部分研究使用政府网站绩效来衡量技术管理水平、技术应用效果、数字化能力等。例如，陈小华和祝自强（2022）以我国省级政府为研究对象，基于技术-组织-环境（technology-organization-environment，TOE）理论框架，从技术、组织与环境三个维度对数字政府发展水平的影响因素进行实证研究，发现省级数字政府发展水平受多元复杂因素的影响，技术管理水平（由政府网站绩效评估得分来衡量）、信息基础设施、领导注意力、府际竞争、公众需求均与数字政府发展水平显著正相关。范梓腾等（2018）以清华大学国家治理研究院发布的政府网站绩效评估数据作为测量技术应用效果的指标，研究分析了效率考量、合法性压力与政府中的技术应用，发现政府中的技术应用效果与主责官员的任期呈"U"形曲线关系。樊博和顾恒轩（2023）在分析政务微博绩效时，将数字化能力作为自变量之一，并通过政府网站绩效评估结果进行测量。结果表明，数字化能力作为地方政府的重要能力，会对政府注意力和政府能力的实施与运用效果产生影响。原光和潘杰（2017）在研究政务微信总量发展的影响因素时，将政府交流意愿作为自变量之一，并通过政府网站绩效评估中的互动交流指数进行测量，发现政府交流意愿和政府财政预算内支出、城市人口规模、移动电话普及率等因素对政务微信总量发展有不同程度的正向推动作用。

2.2.3 其他相关量化分析

上述研究直接或间接将政府网站绩效数据作为因变量或自变量，还有一些研究从其他视角，围绕政府网站绩效数据展开研究。例如，杨杨和傅广宛（2018）基于 2005~2016 年 327 个城市政府网站绩效评估数据，应用空间探索性分析方法和地理加权回归模型，分析了中国城市政府网站绩效时空动态演变格局的形成及发展过程，甄别地方政府网站绩效的空间影响因素。研究发现，从时间格局上看，地方政府网站绩效增长速度较快，区域差异下降趋势明显；从空间格局上看，地方政府网站绩效的总体空间格局符合"胡焕庸线"，与距离较远或差距较大的城市相比，地方政府更倾向于向周边城市或与自身条件相仿的城市学习；从核心影响因素来看，除了全局变量互联网接入率以外，人均财政收入等局部变量在不同城市间具有较强的差异性，表现出了电子政务影响因素的区域差异。

何玉和唐清亮（2012）基于 2010 年 300 个地级市政府网站绩效评估数据，用政府网站绩效评估指标中的教育、社保和就业等指标得分测量公共服务水平，用信息公开和日常监测指标得分测量政府透明度，用互动交流与用户满意度调查测量公众对政府的信任，采用结构方程模型，检验了公共服务、政府透明度与公众满意度等变量对政府信任的影响。结果发现，公众对政府的信任与公共服务、政府透明度均正相关。研究还发现，公共服务还通过影响政府透明度而间接影响公众对政府的信任。

2.3 基于绩效差距的回归分析

2.3.1 背景与研究问题

绩效差距是绩效反馈中的主要信息（Boyne，2003；O'Toole and Meier，1999），是对不同绩效信息的对比，即当前的实际绩效与其他标准的绩效进行比较产生的差值，其他标准的绩效则源于不同的绩效预期并随着组织对于目标绩效的界定而变动（Meier et al.，2015）。绩效差距包括组织和过去相比较的历史绩效差距，也包括同其他同类组织相比较的社会绩效差距或是和其他绩效水平之间的差距（Greve，1998）。Labianca 等（2009）将社会绩效预期分为基于直接竞争组织和未来目标组织的预期，发现不同的组织绩效预期会产生不同的社会绩效差距，并影响未来的组织行为。王程伟和马亮（2020）以北京"接诉即办"为切入点，基于各区的月度面板数据进行实证分析，发现社会绩效差距对绩效水平的影响更明显。

出于理性的考量，绩效差距和排名作为激励组织管理改进的一种机制，部门领导人会根据排名位次做出改进和回应（马亮，2013b），政府管理者也会根据绩效差距来调整其注意力的分配情况（张坤鑫，2021）。Meier 等（2015）在绩效差距理论中指出不论是选择扩大利益、满足现状，还是追求进步，公共管理者的行为都建立在认可和识别绩效差距的基础上，他们会将自身的绩效和周围组织进行对比，可以说绩效差距是影响管理者行为的重要因素。政府注意力是有限的，绩效差距所反馈的信息会改变领导人注意力的分配方案，进而可以判断相关政策的重要性。

我国数字政府建设开展以来，不同层级的政府网站建设如火如荼。当前政府门户网站不仅是连接政府与公众的重要渠道，也是推动电子政务发展的核心战略工具，更是成为数字政府建设的新窗口（黄璜，2015）。随着数字化进程的推进，政府网站作为体现政府公开度和透明度的重要载体，对其绩效进行评估也成为衡量电子政务建设水平的重要方面（张成福和唐钧，2004）。自 2003 年以来，全国政府网站绩效评估结果体现了各地电子政务绩效的差距和发展变迁情况（孙国锋，2005），成为理解地方政府政策行为的关键维度。那么，政府网站的绩效差距对政府注意力有何直接影响呢？本书围绕绩效差距和注意力分配理论进行了理论建构，提出了研究假设：一是绩效差距对政府注意力有显著影响，二是社会绩效差距对政府注意力的影响大于历史绩效差距。

在进行组织绩效管理的过程中，绩效差距通常作为政府战略决策的指南针，影响管理者注意力的分配。本书探讨绩效差距对政府注意力的直接影响，包括社会绩效差距和历史绩效差距的影响，社会绩效差距即将组织本身与同类组织进行比较，可进一步分为横向社会绩效差距和纵向社会绩效差距。本书将同类组织界定为同级政府与上级政府，横向社会绩效差距为与同级政府相比较的绩效差距，对政府行为的影响反映了其对地方政府与同级政府绩效差距的回应。纵向社会绩效差距为与上级政府相比较的绩效差距，对政府行为的影响反映了其对地方政府与上级政府绩效预期的回应。

各级政府处于晋升锦标赛中时，会更在意同类组织之间的竞争，因此社会绩效差距对政府注意力的影响比历史绩效差距更大（周黎安，2007）。绩效差距理论也提出类似的观点，组织自身的绩效并不总是绩效管理考核的重点，绩效管理考核反而会更加注重与同行之间的绩效差距，因为相对绩效会受到上级政府的表扬或批评，因此同行间的绩效差距对政府行为的影响相对更显著。政府官员因在意自身的社会地位以及名誉而在意社会绩效差距，这种差距可以让官员发现自身绩效水平与其他组织的差距，并据此做出后续的政策选择（Carpenter and Krause，2012）。同时，对于政府组织来说，同行间的绩效差距所产生的影响不仅来自同级政府的竞争压力，也来自上级政府的问责压力。中国特色的政府结构和决策模式赋予了地方政府多重身份，地方政府既要向同级政府看齐又要兼顾上级政府的决策，同时还要考虑本地利益（赵静等，2013）。同时，同级政府绩效评估标准是相同的，但上下级政府的绩效评估标准不同，因此使用绩效评估的相对绩效差距对纵向维度的同类组织进行检验才具有研究意义。

2.3.2 变量、数据与方法

因变量为政府注意力，映射为以政府网站为焦点的数字政府相关政策文件数量的变化。数据主要来源于"北大法宝""清华大学政府文献中心"等政策文献库。通过检索相关政策文件进行数据收集，相关检索关键词包括"互联网+政务服务""政府网站""电子政务"等。考虑到政府注意力变化的延迟性，本书对相关政策以发布日期、发布年份进行分类，并与自变量的年份相对应；对政策标题、字号等关键信息进行提取，通过文件数量、关键词及语义类别对滞后一年的政府行为的影响效果进行统计分析，这样有利于识别因变量与自变量之间的因果机制。政策发布的数量具有低概率、频数小的特点,而且样本中"0"的个数小于样本总数的三分之一,不存在零膨胀现象,过度分散系数检验结果大于 0.05,因此采用面板泊松回归模型进行分析。

自变量为绩效差距,包括社会绩效差距和历史绩效差距两个方面,其中社会绩效差距包括横向和纵向两个维度。历史绩效差距用当年城市绩效得分,减去上一年的绩效得分作为衡量指标。横向社会绩效差距用当年城市绩效得分,减去同年省(自治区、直辖市)内城市平均绩效得分作为衡量指标。纵向社会绩效差距用当年城市绩效得分,减去同年所在省(自治区、直辖市)的绩效得分作为衡量指标。

绩效和绩效差距数据来自中国软件评测中心组织开展的中国政府网站绩效评估工作的结果,评估内容是各部门和地区政府门户网站建设情况,主要从信息公开、在线服务、互动交流三个方面进行评估(陈磊和林婧庭,2016)。绩效得分是基于信息公开指数、在线服务指数、互动交流指数的综合得分得到的,绩效排名则是根据绩效得分来排列的榜单。这种复合型模式的绩效评估避免了单一绩效指标的局限性的同时兼顾了内部行政系统、外部公众责任的多重标准及多重维度的考察,既有公信力又能反映出政府网站的发展水平,因此更能体现政府网站的绩效情况(杨宏山,2012)。由于 2015 年后政府网站绩效评估标准发生了变化,为保证研究的可靠性,本书的研究选取了 2005~2015 年的绩效数据,并以地级市为单位整理成 10 年的面板数据,考察地级市政府的绩效差距对政策注意力的影响。由于一些地级市存在尚未建立门户网站、数据不完整、数据缺失等情况,为保证研究质量,去除了相应的城市,最后得到 2005~2015 年 265 个城市、26 个省份的绩效得分和名次。

此外,地方政府自身的电子政务发展水平与经济发展和本身绩效名次区间相关,受到人口规模、人均地区生产总值等因素的影响。同时,同级政府的横向府际关系以及与上级政府的纵向府际关系会影响政府行为,进而促使政府注意力分配发生变化,因此绩效差距与官员的政绩、年龄、任期等因素可能彼此相关,也可能受到本身绩效名次区间的影响。因此本书也将纳入地方人均地区生产总值、行政官员年龄与任期等控制变量,并根据城市所处区域和绩效名次区间进行检验,以观察各类型绩效差距的影响,以及影响效应强弱的变化。

2.3.3 实证结果与讨论

表 2.1 为本书主要变量的描述性统计分析结果。首先,地级市政府网站发布的政策数量(市政策数量)最大值为 7,最小值为 0,平均发布政策数量不到 0.2 个且差异较小。此外,历史绩效差距、横向社会绩效差距,以及纵向社会绩效差距都具有较大的变化幅度。其中历史绩效差距主要为正向变化,多数地级市都在下一年达到基于过去的绩效预期。社会绩效差距则主要为负向变化,纵向社会绩

效差距的绩效预期与实际绩效差距较大。在控制变量方面,人均地区生产总值的标准差相对较大,说明各地级市在经济发展水平上具有一定差异,市长与市委书记的平均任期(均值)均未达到5年。

表2.1 变量的描述性统计分析结果

变量	样本量	均值	标准差	最小值	最大值
市政策数量	2650	0.196	0.568	0	7
历史绩效差距	2650	1.622	10.551	−31.330	47.610
横向社会绩效差距	2650	0	12.313	−48.190	46.664
纵向社会绩效差距	2650	−13.644	17.593	−69.500	57.970
人均地区生产总值	2650	36.126	27.762	0.099	290.477
市长年龄	2650	0.172	0.378	0	1
市长任期	2650	2.557	1.509	0	11
市委书记年龄	2650	0.341	0.474	0	1
市委书记任期	2650	2.362	1.758	0	9

表2.2是绩效差距与地级市政府注意力基础显著性回归分析结果。为展现不同绩效差距以及相关因素与政府注意力是否存在显著影响,本书将绩效差距与控制变量分别纳入回归分析,共报告了7个回归分析模型。模型2.1~模型2.3分别对历史绩效差距、横向社会绩效差距、纵向社会绩效差距进行回归分析;随后模型2.4~模型2.6分别进一步增加了人均地区生产总值、市长年龄、市长任期、市委书记年龄与市委书记任期等经济与行政官员方面的影响因素;模型2.7将历史绩效差距、横向社会绩效差距、纵向社会绩效差距以及控制变量同时加入,检验三种绩效差距与政府注意力的显著性。

表2.2 绩效差距与地级市政府注意力基础显著性回归分析结果

自变量	模型2.1	模型2.2	模型2.3	模型2.4	模型2.5	模型2.6	模型2.7
历史绩效差距	−0.0092** (−2.15)			−0.0099** (−2.36)			−0.0097** (−2.29)
横向社会绩效差距		−0.0022 (−0.42)			−0.0084 (−1.52)		0.0230*** (−3.14)
纵向社会绩效差距			−0.0156*** (−4.56)			−0.0196*** (−5.63)	−0.0280*** (−6.08)
人均地区生产总值				0.0115*** (−4.93)	0.0121*** (−5.07)	0.0136*** (−5.78)	0.0126*** (−5.25)
市长年龄				−0.1510 (−1.06)	−0.1320 (−0.93)	−0.0954 (−0.66)	−0.1200 (−0.83)

续表

自变量	模型 2.1	模型 2.2	模型 2.3	模型 2.4	模型 2.5	模型 2.6	模型 2.7
市长任期				−0.2640*** (−2.94)	−0.2590*** (−2.91)	−0.2720*** (−3.05)	−0.2900*** (−3.21)
市长任期平方				0.0375*** (−2.90)	0.0369*** (−2.88)	0.0386*** (−3.01)	0.0405*** (−3.11)
市委书记年龄				0.0785 (−0.74)	0.0725 (−0.68)	0.0676 (−0.64)	0.0850 (−0.80)
市委书记任期				−0.0118 (−0.15)	−0.0057 (−0.07)	−0.0328 (−0.42)	−0.0486 (−0.62)
市委书记任期平方				−0.0009 (−0.08)	−0.0017 (−0.14)	0.0022 (−0.18)	0.0040 (−0.32)
_cons	−1.616***	−1.628***	−1.838***	−1.664***	−1.718***	−2.013***	−2.036***
N	2650	2650	2650	2650	2650	2650	2650
log-likelihood	−1373.65	−1375.86	−1365.24	−1355.55	−1357.16	−1342.16	−1335.85
Chi-squared	4.63	0.18	20.82	39.35	36.25	65.05	76.44

注：括号内为稳健性标准误，_cons 表示回归截距，N 表示样本数量，log-likelihood 表示对数似然值，Chi-squared 表示卡方检验结果

和*分别表示在 0.05 和 0.01 的水平上统计显著

在模型 2.1 中，历史绩效差距对政府注意力具有显著负向影响。在模型 2.4 中加入控制变量，在模型 2.7 中加入了社会绩效差距和控制变量依然显著，说明历史绩效差距具有很好的稳定性。在模型 2.2 中，横向社会绩效差距并不显著，但在模型 2.7 中加入了历史绩效差距、纵向社会绩效差距和控制变量后显著。模型 2.3 中，纵向社会绩效差距对政府注意力也具有显著负向影响，并且在模型 2.6 中加入控制变量，在模型 2.7 中加入了历史绩效差距、横向社会绩效差距和控制变量后依然显著。总结来说，三种绩效差距对政府注意力都有显著影响，其中历史绩效差距与纵向社会绩效差距为负向显著影响，而横向社会绩效差距为正向显著影响。

在比较不同类型绩效差距影响时，为了消除量纲影响，本书对三种绩效差距都做了标准化处理，回归结果见表 2.3。模型 2.8 为历史绩效差距与横向社会绩效差距的回归效果比较分析；模型 2.9 为历史绩效差距与纵向社会绩效差距的回归效果比较分析；模型 2.10 为横向社会绩效差距与纵向社会绩效差距的回归效果比较分析；模型 2.11~模型 2.13 分别在模型 2.8~模型 2.10 的基础上增加了人均地区生产总值、市长年龄、市长任期、市委书记年龄与市委书记任期等经济与行政官员方面的影响因素；模型 2.14 同时加入绩效差距及控制变量，检验绩效差距与政策数量间影响的差异。从回归结果来看，历史绩效差距的回归系数绝对值（$\beta=$

–0.1030，$p<0.05$）小于横向社会绩效差距（$\beta=0.2840$，$p<0.01$），意味着横向社会绩效差距相较于历史绩效差距更能影响政府注意力，也说明纵向社会绩效差距会减弱历史绩效差距并增强横向社会绩效差距对政府注意力的影响。

表 2.3　绩效差距影响差异的回归分析结果

自变量	模型 2.8	模型 2.9	模型 2.10	模型 2.11	模型 2.12	模型 2.13	模型 2.14
历史绩效差距（标准化）	–0.0974** (–2.10)	–0.0695 (–1.57)		–0.0932** (–2.04)	–0.0707 (–1.64)		–0.1030** (–2.29)
横向社会绩效差距（标准化）	0.0034 (–0.05)		0.2870*** (–3.37)	–0.0686 (–0.98)		0.2390*** (–2.71)	0.2840*** (–3.14)
纵向社会绩效差距（标准化）		–0.2630*** (–4.33)	–0.4490*** (–5.60)		–0.3320*** (–5.38)	–0.4850*** (–6.00)	–0.4940*** (–6.08)
控制变量				已控制	已控制	已控制	已控制
_cons	–1.631***	–1.625***	–1.638***	–1.708***	–1.750***	–1.673***	–1.668***
N	2650	2650	2650	2650	2650	2650	2650
log-likelihood	–1373.650	–1364.010	–1359.557	–1355.068	–1340.820	–1338.475	–1335.853
Chi-squared	4.63	23.63	31.5	40.54	68.14	71.59	76.44

注：括号内为稳健性标准误，_cons 表示回归截距，N 表示样本数量，log-likelihood 表示对数似然值，Chi-squared 表示卡方检验结果

和*分别表示在 0.05 和 0.01 的水平上统计显著

模型 2.9 和模型 2.12 的结果显示历史绩效差距的回归系数绝对值小于纵向社会绩效差距，在模型 2.14 中加入了横向社会绩效差距相关变量后，纵向社会绩效差距的回归系数绝对值（$\beta=-0.4940$，$p<0.01$）仍然大于历史绩效差距，意味着纵向社会绩效差距对政府注意力的影响比历史绩效差距强，并且具有很好的稳定性。横向社会绩效差距要和同类政府对比，并与官员仕途关系较大，因此一般认为比历史绩效差距更重要。在本书中横向社会绩效差距回归系数的绝对值高于历史绩效差距，也验证了这一现象。

除此之外，本书还发现在社会绩效差距中，纵向社会绩效差距对政府注意力的影响大于横向社会绩效差距。模型 2.10 和模型 2.13 的结果显示横向社会绩效差距的回归系数绝对值小于纵向社会绩效差距，在模型 2.14 中，纵向社会绩效差距的回归系数绝对值（$\beta=-0.4940$，$p<0.01$）是三种绩效差距中最大的，说明纵向社会绩效差距对政府注意力的影响程度最强。比起与同级别的政府进行竞争，地级市政府更在意和上级政府之间的绩效差距。

总体来看，本书基于绩效差距的理论框架，从历史绩效差距、社会绩效差距的不同维度检验了数字政府建设情境下政府注意力的影响机制。绩效差距会导致政府注意力变化，这一发现对理解地方政府决策一般规律和数字政府建设决策机

制都具有意义。地方政府的注意力分配具有内部和外部多重压力，政府注意力分配应该根据绩效差距进行适度调整，过于激进或过于疲软都会对地方发展产生不利影响。针对不同地方政府的发展情况，应加强评估工具与其他管理工具的协同应用。从绩效差距来看，多数地级市政府注意力会受到来自历史绩效差距和两个向度社会绩效差距的影响，并且不同区域的影响程度之间具有差异，因此应将绩效评估与其他的管理工具相结合，如增加奖惩机制、建立试点示范地区。

2.4 基于绩效公开方式的断点回归分析①

2.4.1 背景与研究问题

从 2002 年开始，中国软件评测中心等第三方机构就持续组织开展中国政府网站绩效评估工作，评估范围覆盖国务院部委及相关单位的部门网站、省级政府网站以及 300 多个地级市政府网站和部分县级市政府网站。在 2006 年至 2012 年，评估单位会全样本公开评估结果，所有被评估网站都可以在线查询到本网站的评估分数和排名。但从 2013 年开始，中国软件评测中心不再发布地市以及区县绩效排名在 100 名以外的榜单数据，这一变化意味着评估工作已从全面公开转变为以"奖优"为主，也为分析第三方评估结果公开对政府行为的影响提供了鲜活的数据。

第三方评估对政府行为和绩效的影响受制于特定的条件和方式。首先，评估者自身的权威性和公信力被认为是对评估产生影响的重要因素（James and Petersen，2018）。其次，评估的目的、评估方案自身设计的科学性和合理性的影响也不容忽视。再次，过程性因素也被认为是影响评估效果的重要因素，利益相关者能否从评估中获益（Fletcher and Dyson，2013）、评估过程中的参与方式以及评估者与被评估者之间是否相互信任均能影响评估效果（van Helden et al.，2012）。最后，评估结果的使用方式也普遍被认为是影响评估工作发挥作用的重要条件和因素，评估结果的可用性和易用性（Saunders，2012）以及管理者是否象征性地使用评估结果都与评估工作的影响力有重大关系（Weiss，1998）。

本节主要关注绩效评估结果发布方式的调整对政府行为的影响。绩效评估结果的发布作为第三方评估结果运用中的一个重要组成部分，对其是否发挥作用和发挥作用的方式的探讨自然也离不开问责、组织学习和竞争机制等重点要素。因此，本节从以下三个维度提出研究假设。首先，围绕绩效公开与政府改进，提出研究假设：与进入绩效公开榜单的政府相比较，因成绩相对较差而未被公开成绩的地方政府会更加努力改进不足。其次，围绕绩效公开与政府的持续创新，提出

---

① 本节部分研究成果曾在作者团队成员李晓方等（2019）参与的学术论文中发表。

研究假设：与未进入绩效公开榜单的政府相比较，进入绩效公开榜单的地方政府会更加重视新增评估指标上的持续学习和创新，即以"奖优"为主的绩效公开会促进地方政府的持续学习和创新。最后，围绕绩效公开与政府间竞争程度，提出研究假设：与绩效不公开的情形相比较，在绩效公开的情况下地方政府在下一年度绩效评估中的竞争会更加激烈。

2.4.2 变量、数据与方法

本节的核心解释变量是政府行为，具体包括三种类型。一是地方政府的执行改进，关注的是政府在面对评估信息反馈时对既有工作内容的加强和改进，用地方政府网站2014年绩效得分与2013年绩效得分的变化情况来表示。根据绩效评估理论，第三方评估提供的绩效反馈可以为评估对象提供组织诊断，识别工作不足从而推动其工作改进。这反映了干预在促进组织单循环学习方面的作用。二是地方政府的持续创新，用地方政府在2014年新增指标网站功能指数方面的得分来表示。根据测评实践，每年会根据新技术发展和国务院重点工作安排对指标进行适当调整，其中新增指标代表了一种新的技术应用或者是新的工作重点。用地方政府在该指标上的表现来表征其持续创新行为，实际上是对地方政府双循环学习的一种反映，考察其是否能够根据技术发展要求和中央精神及时跟进工作和调整工作重心。三是地方政府之间的竞争程度，用相比2013年地方政府在2014年排名变化的程度来测量。如果公开造成了地方政府之间竞争程度的增强，则可以预期排名会有相应的提升。

在其他变量设计方面，本节以地方政府在2013年的绩效评估排名作为配置变量，而将地方政府评估绩效是否公开作为处理变量，并将人均地区生产总值、人均公共预算收入和互联网的普及率作为控制变量，以减少扰动方差。

政府网站评估结果的发布，可以视为第三方评估机构对地方政府门户网站建设的一种干预。检验干预效应常用的方法包括倾向得分匹配、双重差分以及断点回归等方法。其中，当因变量主要取决于某自变量是否超过某个断点时，适合使用断点回归方法。某种意义上，断点回归可视为"局部随机试验"，它能较好地处理可忽略性假设带来的问题（安格里斯特和皮施克，2012）。因此本节用断点回归进行实证分析。

在中国软件评测中心的评估实践中，从2013年起便不再发布排名100名以后的地级和县级地方政府网站评估结果。绩效信息的发布，实际上依据的是排名数据是否超过100。因此，本节采用清晰断点回归设计的方式对因果效用进行检验。在具体的模型选择方面，主要选择局部线性回归模型进行估计，并在后文中进一步提供二阶、三阶局部多项式回归的结果对稳健性进行检验。局部线性回归模型如式（2.1）所示：

$$Y_i = \alpha + \beta(\text{rank}_i - 100) + \delta D_i + \gamma D_i(\text{rank}_i - 100) + \theta S_i + \varepsilon_i \quad (i=1,2,\cdots,n) \quad (2.1)$$

其中，Y_i 为被解释变量，表示政府的回应行为，本节中主要包括三类回应行为；rank_i 为地级市政府的绩效评估排名，是配置变量，当 $\text{rank}_i > 100$ 时，D_i 的取值为 1，其余则为 0；D_i 为处理变量，表示该年度地方政府网站建设的第三方绩效评估数据是否公开，D_i 的取值为 1 表示未公开；S_i 为协变量，表示一系列与 Y_i 相关的影响因素；δ 为处理效应，表示是否公开绩效数据对 Y_i 的影响。α 为截距项，β、δ、γ 和 θ 为待估计系数，ε_i 为误差项。

2.4.3 实证结果与讨论

表 2.4 展示了公开组和不公开组在核心变量上的描述性统计结果。从数据可以看出公开组在执行改进、持续创新和竞争程度三个变量上的均值都高于不公开组。其中，竞争程度变量反映的是排名变化，由于计量单位原因方差较大。

表 2.4 核心变量描述性统计结果

项目	执行改进		持续创新		竞争程度	
	公开组	不公开组	公开组	不公开组	公开组	不公开组
样本数	99	145	99	145	99	145
均值	0.88	0.47	0.57	0.27	37	32
方差	0.01	0.06	0.01	0.03	1094	892
最大值	1.10	1.01	0.79	0.63	126	122
最小值	0.48	0.19	0.34	0.11	1	0

资料来源：中国软件评测中心发布的《2013 年中国政府网站绩效评估报告》和《2014 年中国政府网站绩效评估报告》

图 2.5 以图形化的方式展示了以全样本数据进行断点回归的结果。图形化的方式有利于识别断点两侧的响应差异。从图形来看断点处均出现了明显的变化。但考虑到断点的选择是依据其上一年度的总分排名，因此使用全样本进行分析很难判定这种差异是公开本身造成的影响还是其他因素（如自选择偏差）造成的影响。后续将进一步通过局部线性回归对结果进行验证分析。

（1）绩效公开与政府回应局部线性回归的基本结果。以 2013 年的排名数据作为配置变量，使用三角核（triangular kernel）估计方法进行非参数估计。从结果可以看出（表 2.5），在不含协变量的情形下，是否进入公开榜单对政府回应行为影响在估计带宽为二分之一最优带宽的情形下有较显著影响，即公开绩效评估榜单，以"奖优"方式对地方政府进行引导的干预行为对政府执行改进、持续创新

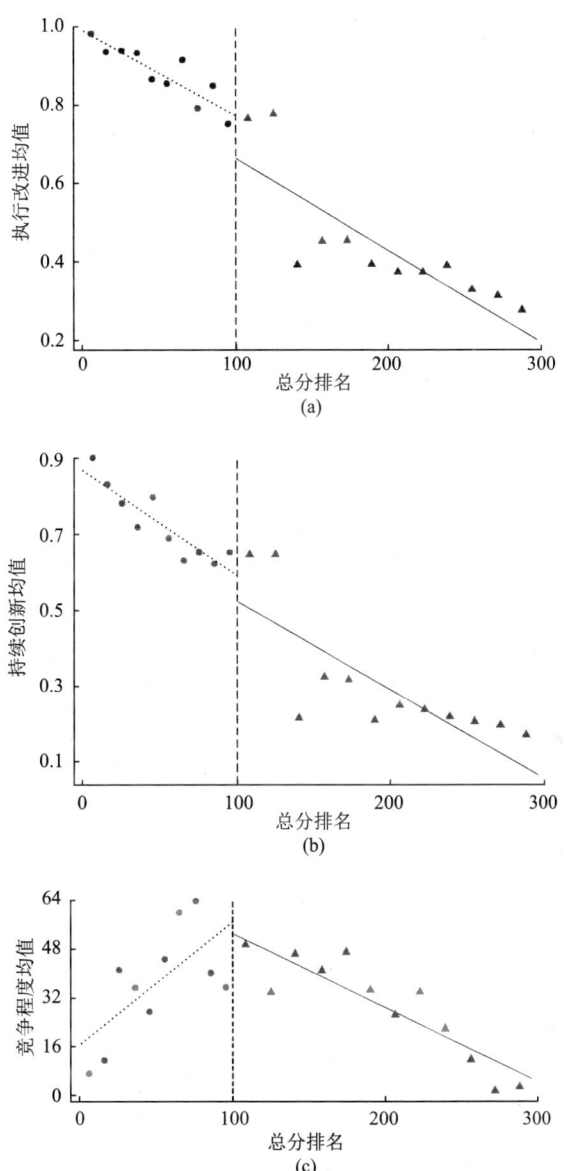

图2.5 榜单城市与非榜单城市断点附近因变量值比较

资料来源：中国软件评测中心发布的《2013年中国政府网站绩效评估报告》和《2014年中国政府网站绩效评估报告》

●表示榜单城市（执行改进、持续创新、竞争程度）的变化均值；▲表示非榜单城市（执行改进、持续创新、竞争程度）的变化均值

和竞争程度等都有较为显著的影响。具体表现为，相对于进入公开榜单的地方政府而言，未进入公开榜单的地方政府在下一期会更加努力改变既有指标上的工作绩效。而进入公开榜单的地方政府在持续创新方面的表现会更佳。"奖优"的公开行为促进了地方政府的双循环学习和持续创新。在促进竞争方面，公开增加了地方政府之间的竞争程度。在含协变量的情形下，在带宽为二分之一最优带宽的情况下，公开对持续创新、竞争程度的影响表现出了一定的稳定性，公开对执行改进的影响则转为不显著。

表 2.5 绩效公开与政府回应的关系检验

被解释变量		执行改进			持续创新			竞争程度		
		lWald	lWald50	lWald200	lWald	lWald50	lWald200	lWald	lWald50	lWald200
不含协变量情形	处理效应	0.092 (1.34)	0.195** (12.35)	0.008 (0.91)	−0.214** (−5.01)	−0.112** (−7.54)	−0.090 (−1.33)	−27.400 (−2.19)	−56.201* (−2.87)	0.863 (0.04)
	带宽	4.034	2.017	8.070	3.313	1.657	6.626	12.940	6.470	25.890
含协变量情形	处理效应	−0.005 (−0.04)	0	0.012 (0.15)	−0.088* (−2.09)	−0.104	0.045 (−1.18)	−29.697 (0.11)	−56.391** (−2.74)	−6.399 (−0.36)
	带宽	4.034	2.017	8.069	3.313	1.657	6.626	12.944	6.472	25.890

资料来源：中国软件评测中心发布的《2013 年中国政府网站绩效评估报告》和《2014 年中国政府网站绩效评估报告》

注：lWad 表示局部沃尔德估计值，50、100 表示带宽与最优带宽的比例。其中，50 表示二分之一最优带宽，200 表示两倍最优带宽

*和**分别表示在 0.10、0.05 的水平上统计显著

（2）断点的连续性以及内生性分组问题检验。在进行断点回归时，如果个体事先知道分组规则，并通过自身努力而完全控制分组变量，则可自行进入处理组和控制组，这会导致断点附近的内生分组为非随机分组，引起断点失效（陈强，2014）。就本书的研究而言，一方面，2013 年是以排名 100 为断点决定绩效是否公开的第一年，报告发布之前并未明确告知地方政府。另一方面，排名结果取决于地方政府在网站建设方面的相对努力程度，单一地方政府很难进行控制，因此理论上内生性分组的问题不存在。就数据检验方法而言，常用的检验方式是 McCrary（麦克拉里）检验。根据回归结果，不存在模型内生性分组问题。

（3）协变量在断点附近的连续性检验。在进行断点回归分析时，如果协变量在断点处也存在跳跃，此时不宜将处理变量的系数全部归功于处理效应。因此，对处理效应的确认需要考察协变量在断点处是否连续。表 2.6 展示了带宽为二分之一最优带宽条件下连续性的检验结果。发现在被解释变量为执行改进和持续创新时，人均地区生产总值对数值在断点附近连续性假设被拒绝，但结合没有协

变量情形的模型检验结果,可认为公开绩效结果对政府回应的显著影响可以得到确认。

表 2.6 协变量在断点附近的连续性检验

变量	执行改进	持续创新	竞争程度
人均地区生产总值对数值	−2.093 976** (−0.56)	−0.849 144** (−2.70)	−0.627 711 (−1.03)
人均公共预算收入对数值	−0.733 617 (−0.56)	−0.733 617 (−5.6)	−0.580 372 (−0.53)
网络普及率	−0.009 775 (−0.29)	−0.009 775 (−0.29)	0.020 920 (0.39)

资料来源:中国软件评测中心发布的《2013 年中国政府网站绩效评估报告》和《2014 年中国政府网站绩效评估报告》

**表示在 0.05 的水平上统计显著

总体来看,作为一种独立评估方式,第三方评估在引导和改进政府行为方面发挥了日益重要的作用。已有研究文献从理论和案例的角度出发做出了许多有益的研究。但总体来看对第三方评估如何以及在何种情况下影响政府绩效尚缺乏大样本数据的实证研究(马亮,2018)。本章以量化研究为基本方法对第三方评估过程中榜单发布这一行为影响进行验证分析。研究发现:公开第三方评估的结果有利于增强评估对象之间的竞争;对于进入公开榜单的优秀单位而言,公开会增强其持续学习行为;同时,与未进入公开榜单的对象相比,进入公开榜单的对象会降低在既有评估指标上的努力。本章的研究加深了对绩效公开和政府回应行为之间关系的认识。值得注意的是,在第三方评估的过程中,评估方案的设计、评估前的沟通、评估过程中的参与等诸多要素都会影响评估效果。不同的因素与政府行为之间的关系有待进一步的实证分析和检验。

2.5 本章小结

本章聚焦于政府网站绩效评估数据,首先梳理了政府网站的基础性理论,描述了政府网站绩效评估结果的总体情况,其次分别基于绩效差异数据、绩效差距数据、绩效公开方式等三个方面,梳理分析了相关研究。

其中,基于绩效差异的研究,主要是关注全国不同地区政府网站绩效之间的横向差异,相关研究大致可以分为两类:第一类研究将政府网站绩效作为因变量,或者将其作为其他变量的测度指标,分析其影响因素;第二类研究将政府网站绩效作为自变量,或者将其作为其他变量的测度指标,分析其对其他变量的影响。基于绩效差距的研究中,主要关注不同地区在时间维度上的变化情况,分析其绩效差距情况对绩效的影响效应。基于绩效公开方式的研究中，采用断点回归的方法，分析了政府网站绩效评估结果绩效公开方式对绩效的影响。

上述研究主要基于政府网站绩效评估数据展开，既有直接的研究，即直接将政府网站绩效作为因变量，分析其影响因素，或者将其作为自变量，分析其对其他变量的影响；也有间接的研究，即用政府网站绩效来测度其他变量，如电子政务发展水平、地区信息化服务水平等。总体来看，上述研究相对比较传统，主要还是基于政府网站绩效本身展开的研究，下一步可基于政府网站中的文本大数据展开研究。

第 3 章 数据与方法：政府网站内容与政策信息学

在信息技术和政策要求的双重推动下，我国各级政府不断加强信息公开，积极利用互联网平台向公众展示其治理理念、政务活动、日常工作等，提升数字时代政府的治理能力。与报纸和电视等传统媒体相比，政府网站、政务新媒体等作为互联网时代的重要平台，拉近了政府和公众间的距离，在建设透明型政府、民主型政府的进程中起到了积极作用，如传递政府声音、改善公众感知，也极大方便了公众对政府的监督。政策信息学得益于大数据信息技术的创新发展，作为公共管理领域的大数据研究，它将互联网、社交网络、信息流和自然语义等纳入研究范畴，从单个或多个数据源挖掘分析，在大量数据中寻找模式，并建立各种政策问题模型，以此提升对于复杂公共政策问题的数据建模能力和研判效果。本章首先介绍了政府网站内容数据的价值与获取的方式方法，其次引入了政策信息学基础理论以探讨其学科领域发展及尝试解决的关键科学问题，最后结合政府网站分析需求，简单介绍了系统仿真建模、社会网络分析、自然语言处理、机器学习等政策信息学方法。

3.1 政府网站内容数据获取

3.1.1 政府网站内容数据研究的价值体现

第一，国家高度重视透明政府建设，密集部署推进政府信息公开。长期以来，国家高度重视政务公开工作，早在党的十五大报告中就明确指出要推行政务公开；2007 年 4 月，《政府信息公开条例》正式颁布，标志着我国迈向了信息公开法治化时代；2012 年开始，国务院办公厅每年印发政务公开重点工作安排或要点，部署推进政府信息公开。2019 年 4 月，修订版《政府信息公开条例》颁布，明确了"以公开为常态、不公开为例外"的原则，加大了《政府信息公开条例》规定落实的监督保障力度。这些旨在增强我国政府透明度的政策举措，被誉为利用互联网来改善治理和增加透明度的创新，可以帮助构建良好的政府形象。在中央政府的大力推动下，各地方政府认真贯彻落实，推进政务公开，政府透明度大幅提升。

第二，政府网站信息量巨大，在一定程度上反映了政府的日常工作。在国务院办公厅等主管部门的大力推动下，近年来我国各地各部门政府网站快速发展，信息内容日益丰富，公开范围日益全面，公开内容日益深入，公开内容不仅包括简单的新闻动态信息，还涵盖决策、执行、管理、服务和结果信息。以 2019 年为例，根据各级政府网站发布的《政府网站工作年度报表》，2019 年省级政府通过门户网站主动公开的信息平均超过 7 万条，市级平均发布信息超过 2.5 万条。以 2019 年 250 个工作日计算，平均每个网站每个工作日的信息发布量约 300 条和 100 条。

第三，政府网站运行于互联网上，时刻被浏览和传播，访问量巨大。政府网站由于其天然的互联网属性，7×24 运行在互联网上，具有很强的公开性、透明性和无障碍性。从访问量来看，根据 2019 年各级政府网站发布的《政府网站工作年度报表》，2019 年省、市、县三级政府门户网站的平均独立访问量分别达到 2415.6 万、762.16 万和 79.55 万，平均页面访问量达到 1.43 亿、2477.81 万和 422.17 万，可见政府网站在政府信息公开和传递过程中发挥了重要作用。虽然政府网站不应单纯追求访问量，但访问量也在客观上反映了政府网站信息内容的传播情况，访问量越大，至少表明该网站的受众群体和传播范围越广。

第四，在互联网时代下，政府网站已成为政府信息公开的第一平台。在国家全面推进政务公开的部署下，政府网站由于其互联网属性，具有容量大、传播快、不受时间空间限制等特点，很快成为政府信息公开的第一平台。自 20 世纪末国家启动"政府上网工程"以来，各级政府及部门纷纷在互联网上建立政府网站，发布政府信息，传递政府声音。特别是随着《政府信息公开条例》的实施，政府网站作为信息公开的重要载体，日益发挥着重要的作用（孟庆国和李晓方，2017），是网络时代政府履行职责的新平台（王仲伟，2014）。

3.1.2 网站内容数据特征及抓取工具开发

政府网站内容数据具有很大的研究价值，但也因为其规模大、形态多样、标准不统一等特点让多数研究者望而却步。具体而言，政府网站具有以下特点。第一，全国省、市、县三级地方政府，网站有近 2400 家，网站数量多、网页多、规模大。仅 2018 年 1 月 1 日至 2018 年 10 月 26 日期间，全国省、市级政府门户网站每日更新的门户网页文本数据就多达 170 万余条。第二，不同网站平台，结构不同、技术不同、标准不统一，既有静态网页，又有大量动态网页；既有大量 JavaScript 脚本，又有大量 Ajax 技术。第三，政务新媒体一般主要指政务微博和政务微信，分别建立在新浪微博和腾讯微信平台上。其中，新浪微博提供了官方应用程序接口（application program interface，API），社会公众可利用开放的 API 获取微博账号和内容数据；但腾讯微信平台则设置了较高的技术壁垒，不仅没有提供公开的 API，而且设计了较强的屏蔽和防抓取功能，因此，从外部获取微信公众号数据具有较大的难度。

基于上述特点，研究团队利用大规模、多形态、高性能采集技术，定制开发数据采集工具。在清华大学计算社会科学与国家治理实验室的支持下，研究团队开发了分布式、多形态网络数据抓取工具——政府网站和政务新媒体数据采集系统，实现了对政府网站和政务新媒体数据的抓取。

3.1.3 抓取过程及处理方法

2015年3~12月，国务院办公厅印发文件，组织开展第一次全国政府网站普查，并建立了"全国政府网站基本信息数据库"，实时动态更新全国政府网站的建设运行情况。数据库涵盖国务院各部门及下级机构门户网站、省级政府门户网站和部门网站、市级政府门户网站和部门网站、县级政府门户网站，以及其他经批准的专项网站。截至2020年12月，我国共有政府网站14 444个，主要包括政府门户网站和部门网站。其中，中国政府网1个，国务院部门及其内设、垂直管理机构共有政府网站894个；省级及以下行政单位共有政府网站13 549个。数据项包括网站名称、网站标识码、首页网址、网站主管单位和网站状态。

首先，明确数据采集范围和首页网址。通过中央政府门户网站，获得全国政府网站名单和基本信息。根据各网站主管单位，结合中央政府门户网站、省级和市级政府门户网站中的导航链接，获得省级、市级和县级政府门户网站地址（本书仅关注省、市、县三级政府门户网站，部门网站未纳入数据抓取和分析范围），并逐一打开进行验证和调整，最终得到各网站首页准确网址。

其次，通过政府网站和政务新媒体数据采集系统，抓取了省、市、县三级政府门户网站中的公开信息。数据抓取单位为政府门户网站每一个页面的内容信息，包括页面统一资源定位器（uniform resource locator，URL）地址、文章标题、发布时间、文章发布单位或转载来源、文章内容等。例如，针对北京市人民政府门户网站于2023年9月6日发布的文章《市政府召开常务会议 研究上半年全球数字经济标杆城市建设进展等事项 市长殷勇主持会议》，其抓取后的存储信息如表3.1所示。

表 3.1 政府网站网页存储信息示例

字段名称	字段内容
省	北京市
网站名称	北京市人民政府
网站标识码	1100000088
文章标题	市政府召开常务会议 研究上半年全球数字经济标杆城市建设进展等事项 市长殷勇主持会议
发布日期	2023/09/06

续表

字段名称	字段内容
信息内容	会议强调，建设全球数字经济标杆城市是"五子"联动服务和融入新发展格局的关键一"子"，对于优化首都功能，促进高质量发展具有重要意义。要聚焦细分领域的重点难点问题，加强运行调度，密切跟踪督办，狠抓任务落实，确保按期高质量完成各项目标，持续释放数字经济新动能。要统筹规划布局数字基础设施，加快推进算力中心建设，筑牢城市数字底座。（文章内容较长，后续内容此处未展示）
网站地址	https://www.beijing.gov.cn/ywdt/hyxx/szf/202309/t20230906_3251511.html

最后，进行数据清洗。通过系统采集到的 2015 年 1 月至 2019 年 12 月政府网站原始数据合计 2.34 亿条。数据入库前，还进行了元素提取（如网站名称、网站标识码、文章标题、发布日期、信息内容、网站地址等）、数据排重和信息过滤（广告过滤、URL 过滤等）等前期处理工作。考虑到不同地方政府网站工作水平的差异，存在部分政府网站发布信息少，或者由网页格式不规范等导致信息未被平台获取等问题，研究在进行数据分析前进行了必要的抽查检验，剔除了字段缺失较为严重的部分数据。

具体剔除了以下四类数据：一是标题中出现乱码，不能反映原有页面内容的数据；二是标题内容过短，较难判断标题语义的数据，本书剔除了标题小于五个字的数据；三是标题内容过长的数据，无法准确判断文章标题语义，本书剔除了标题大于 100 字的数据；四是内容无实际语义的数据，如仅包含地区名称、部门名称、网站名称、专题名称、时间等。

最终数据集涵盖全国 245 个地级市行政区，约占全国地级行政单位的 74%，经过清洗后得到 198 539 637 条（表 3.2）。

表 3.2 各级政府网站数据抓取量

层级	数据量（剔除前）/条	数据量（剔除后）/条	剔除比例
省级	20 317 361	17 619 291	13.28%
市级	65 131 678	55 758 161	14.39%
县级	148 234 658	125 162 185	15.56%
合计	233 683 697	198 539 637	15.04%

3.1.4 数据体系构建

为了给相关研究奠定数据基础，本书结合研究需要，共建立了三大研究数据库：①信息公开文本库，包括 31 个省级政府、281 个地市政府、2020 个区县政府通过政府门户网站发布的信息，其存储格式如表 3.3 所示；②新闻媒体报道库，包括与各地政府相关的新闻报道,共 2359 万条文本数据;③地区特征数据库,记录着各地区经济发展、财政资源、人口规模、行政层级等信息,数据来源主要为中国经济社会大数据研究平台中的统计年鉴,包含数据 11 660 条。最终构建了一套从 2015 年 1 月至 2019 年 12 月涵盖 2332 个地方政府(含 31 个省级政府、281 个地市政府、2020 个县级政府)的月度面板数据,共包含 139 920 个样本观测值。

表 3.3 网站文本数据存储格式

序号	字段名称	字段说明
1	层级	记录该数据对应的层级(省、地市、区县)
2	省	记录省级名称(若是地市、区县政府,则为空)
3	地市	记录地市名称(若是地市、区县政府,则为空)
4	区县	记录区县名称(若是地市、区县政府,则为空)
5	网站名称	记录数据来源的网站名称
6	网站标识码	记录数据来源网站的标识码
7	发布机构	记录数据的具体发布机构
8	文章标题	记录数据的文章标题
9	发布日期	记录数据的发布日期
10	信息内容	记录数据的具体信息正文内容
11	网站地址	记录数据对应页面 URL 地址

3.2 政策信息学的基础理论

3.2.1 政策信息学的缘起与发展

政策分析推演系统建模需要大数据技术的支撑。面临日益复杂的公共政策和管理问题,政策分析、政策过程、行政过程均面临大数据挑战(Zeng, 2015;徐宗本等, 2014;王春福, 2017)。研究表明大数据对于辅助高度动态的环境中的公共政策制定具有一定的价值和优势(Tu et al., 2016),公共管理领域的研究者开始从大数据中寻求解决方案(徐宗本等, 2014),如有研究者关注网络舆情热点及网民态度的形成过程(陈姣娥和王国华, 2010;李彪, 2013)。在政策议程设置环节,尝试探索信息时代政府、媒介和公众三者关系的变化(Shanahan et al., 2008;陈姣娥和王国华, 2013;王金水, 2012);部分学者结合案例试图描述网络影响政府决策的过程(Procter et al., 2013)。大数据为政策分析和政策过程带来的变革,Misuraca 等(2014)称之为"政策制定 2.0",被定义为一套制定创新政策的方法和技术方案。学界的探讨也从技术决定论转向技术与政策、制度、管理的融合（谢治菊，2018；Kim et al.，2014）。但不可否认的是，运用大数据思维来拓展研究方法、解决公共管理问题（涂子沛，2018；Johnston，2015），已成为公共管理研究和实践无法回避的客观选择（万岩和潘煜，2015）。例如，利用谷歌趋势预测流感（刘嵩等，2017），美国疾病控制与预防中心根据大量在线查询的数据判断出流行病的暴发时间（Misuraca et al.，2014），我国北京市东城区也通过借助电子档案数据分析提升季节性流行病的预警能力（陈之常，2015）。

政策信息学为公共管理提供了新的解决方案。政策信息学得益于大数据技术的创新发展，作为公共管理领域的大数据研究，它将互联网、社交网络、信息流和自然语义等纳入研究范畴（孟天广和郭凤林，2015），从单个或多个数据源进行挖掘分析，在大量数据中寻找模式，并建立各种政策问题模型，以此提升对于复杂公共政策问题的数据建模能力和研判效果（Johnston and Kim，2011；Johnston，2015）。伴随着政府数据的几何级扩张以及公共信息从现实转移到互联网络，政策信息学依托系统大数据分析方法，面向公共管理与公共政策实践问题，一方面推进政府从事后监管转向事前预测，如预测社会运动、犯罪情报预测分析、城市管理等。另一方面促进政府从被动监管转向主动监督，如金融监管、电子商务行业监管、政府预算监管、腐败行为侦查等。政策信息学的发展，促进了政府、公众等多元主体的共同治理。

在不同的发展阶段，政策信息学有不同的重点研究方向。在政策生命周期的每个阶段，政策信息学以模型化的方法解释不同类型的利益相关者涉及的技术、挑战、成本和收益，以提升政策制定者对复杂政策管理问题的理解，帮助其更加有效地做出决策判断（Dawes and Janssen，2013）。政策信息学正从研究方法、研究对象、公共管理思维、公共管理的绩效评估标准等方面重塑着公共管理的理论范式（胡键，2018）。近年来，政策信息学在政策分析、政策治理等方面已形成了多个重点研究方向，主要包括：①收集数据以产生政策分析依据；②分析异构信息集之间的关系并进行可视化呈现，以理解政策问题；③对复杂环境进行建模及模拟，以了解各种情境下政策干预的效果及其相关结果；④设计开放、协作的政策治理框架；⑤建立利用集体智慧的互动参与平台；⑥通过技术实现协同治理，充分利用网络的力量。

3.2.2 政策信息学的概念、内涵与外延

2012年，美国亚利桑那州立大学（Arizona State University）提出了政策信息学的研究方向。政策信息学被看作一个利用公共政策相关海量信息，利用计算和通信技术来更好地理解与解决复杂的公共政策和管理问题，从而实现治理流程和制度创新的跨若干学科研究的崭新领域。该学科希望深度融合计算科学与公共政

策，以推进政策决策流程创新、组织制度变革，探索有效治理的新形式，从而促进社会发展、提升公共价值。

政策信息学是一个刚刚兴起、正在不断变化和发展的新兴研究领域。迄今为止已经面世的政策信息学相关学术著作采用的都是同领域学者集体创作的模式（Zhang et al., 2016），每组学者负责一个章节，介绍自己对政策信息学的概念理解和实践探索。从某种意义上来说，这更像是学术论文集。其内涵与外延、基本科学问题和核心方法论体系均尚未形成广泛共识，边界和定义都较为模糊。不同学者从自身研究背景和知识结构出发，有着不同的观点和看法。

然而，试图去更清晰地界定一个研究领域的边界和重点对学科发展是至关重要的。以下的相关探索可以看作我们站在自身角度对这一问题的思考，希望起到抛砖引玉的作用。

面向应用场景，我们可能需要思考的是究竟何种公共管理与公共政策问题需要用政策信息学来解决，而政策信息学需要运用什么方法或者方法集合来解决这些问题。只有实现从问题到方法再回到问题的闭环，才能体现这一新兴学科的理论价值和现实意义。从这一角度来看，首先，政策信息学面对着日益复杂的公共政策和公共管理问题，各方利益的平衡点的求解逐渐变为日益精细的科学问题，过往"一刀切"和"运动式治理"的模式越来越难适应这一新的局面。正是这种复杂性，决定了公共管理与公共政策问题需要政策信息学的支撑。其次，政策信息学研究和探索的是基于信息通信技术发展所产生的解决方案，它关注那些采用新技术、大数据的政策过程和治理模式转变，并推动公共决策从理念落到实践。最后，政策信息学还包含对确保基于信息通信技术所产生的解决方案得以实现所必需的政策过程和治理模式创新的探索，它作为连接量化分析与政策求索的交叉学科，显然不应仅仅满足于理想状态下的问题求解，还应关心解决方案最终实现所需的各种约束条件。

面向技术基础，政策信息学最初的一些研究是基于系统仿真展开的，用量化的视角去设计、模拟、预测政策环境和政策效果是最直接的信息科学融入公共政策研究的方式。在数据相对缺乏的情况下，系统仿真是常用且可行的方法。然而随着数据采集、存储和处理能力的飞速发展，数据激增的新环境给系统仿真的视角带来了新的挑战，许多基于海量真实数据的计算与预测成为可能，"真"与"仿真"的边界在模糊化，政策信息学可能需要在真实数据环境下确定自己未来的发展方向。而针对包罗万象的大数据，拓宽传统概念中对数据认知的边界，更好地融入对文字、语言等人为社会事实材料的大规模量化分析，可能是政策信息学研究进一步贴近现实需求、解决现实问题的重要阶梯。从社会网络分析，到包含情感分析、主题建模等分支的更复杂的自然语言处理技术，政策分析学研究者逐渐从使用成熟工具转变为能够自主掌握分析颗粒度，并能够以实际公共管理、公共政策问题需求反哺方法论研究，不断调整和拓展现有方法论体系。这一过程虽然艰辛漫长，却是这一学科领域成长的必然范式。

3.2.3 政策信息学的关键科学问题

目前，相关学者已开展了若干政策信息学的研究工作，如 Kim（2007）学者利用空间分析方法来监测公共产品欺诈，并用类似的方法研究了俄亥俄州的医疗补助支出变化的案例。贝叶斯模型也被用于分析公共环境政策问题（Chun et al.，2012）。2015 年，国际公共政策分析领域的顶级期刊 *Journal of Policy Analysis and Management*（《政策分析与管理》）集中发表了三篇政策信息学方面的文章，既包括利用大数据分析和仿真建模方法对教育、医疗领域政策的研究（Martin et al.，2015；Sirer et al.，2015），也包括对利用社交网络优化政策的探索（Frank et al.，2015）。

当前，政策信息学还只是一个初具框架的研究方向，针对其重方法轻理论、重描述轻分析、重制定过程轻评估过程等现状和不足，本书认为其未来亟待研究的科学问题主要分为以下四类。

（1）大数据基础分析方法。公共衍生大数据的复杂特性要求相关分析必须在现有分析方法的基础上进行创新与整合。科学利用多来源、不同结构化程度的网络舆情、政策文本及系统生成数据，可以助力政府公共事务处理。如何利用则是未来值得研究的话题：我们可以探索以关键主题提取与多维度情感分析为重点的海量文本数据挖掘方法，并探索对接相关开源分析算法或工具以及与传统定性研究方法的整合与融合。这些研究将为后续特定政策议题的分析挖掘、决策效果模拟与评估中的关键指标计算奠定方法基础。

（2）基于大数据分析的公共管理与决策知识挖掘。从公共衍生大数据中发现对政府决策真正有价值的关键知识是政策信息学试图探索的核心。通过对多来源数据进行综合分析，围绕特定的公共管理与公共政策问题，寻找那些对公共管理者至关重要的知识，从而揭示由大数据分析驱动政府决策优化的可行路径至关重要。其关键研究问题主要包括：①针对公共政策过程分析各环节的公众态度与趋势变化；②针对政府日常管理决策和突发事件应急处置等场景分析公众舆论热点与决策反馈。

（3）大数据时代政策过程设计。大数据时代赋予公共管理者机遇与挑战催生了管理模式和决策过程的深刻变革。结合公共政策过程与公共管理行为的研究积累，本书探索并重构政府决策过程，提出有效的重构策略并重点探讨若干重要问题。未来研究应侧重于政策过程和体制机制的探索，主要包括：探索公共衍生大数据分析对公共政策过程的影响以及重构策略；探索公共衍生大数据分析中发现的舆情热点进入政府决策流程的模式及处置机制；分析数字鸿沟可能引发的新型公众态度偏差。

（4）政策效果的评估与预测。政府决策与公共衍生大数据分析的深度融合需要经历复杂的互动过程，即通过基于多智能体仿真等社会计算基础方法尝试进行公共重大议题的选择模拟及其决策效果的中长期评估，据此将数据分析驱动决策的过程模块化和工具化，切实提升政府决策过程的科学性。其中主要研究问题应围绕探索大数据驱动的多智能体群体决策仿真与公共选择模拟，形成若干基于公共衍生大数据计算的决策评估指标并探索其应用机制。作为最终落脚点，研究应着重于整合各模块成果并进行工具化，具体包括以下两个方面：一是探索大数据驱动的多智能体群体决策仿真与公共选择模拟，二是形成若干基于公共衍生大数据计算的决策评估指标并探索其应用机制。

3.3 政策信息学的方法体系

如何利用政府网站数据来进行公共管理方向的研究并据此推动政策信息学发展甚至实现政策智能？实际上近年来数据挖掘与社会计算方面的若干研究，为我们更好地进行政府网站数据分析及后续的政府过程模拟与绩效评估提供了可能。有学者按照大数据的分析层次，将政策信息学研究方法分为统计、挖掘、发现、预测与集成 5 种，共有 17 种相关研究方法（江信昱和王柏弟，2014）。按照 Castellani 和 Hafferty（2009）提出的学科分类，作为连接自然科学（科学计算）与社会科学（政策学）的方法手段，政策信息学包括文本挖掘分析、社会网络分析、计算社会科学与多智能体仿真等方法。政策信息学沿袭了大数据的分析层次和分析方法，在政策分析上主要采用社会网络分析、文本挖掘分析、主题建模、情感分析等方法。社会网络分析侧重于关系的研究，后几种更关注政策内容本身。

3.3.1 系统仿真建模

信息通信技术的发展与网络社会数据的激增，以及数据分析方法的进步，使得决策者能够以新的方式分析和解决过往造成长期困扰的旧问题和网络时代产生的新问题。更准确的数据、更精细颗粒度上的分析使决策者能够更好地利用复杂系统建模并利用可视化工具来发现并解决公共管理与公共政策问题。

事实上，运用数学模型和经验数据来解决复杂的社会问题并不新鲜。20 世纪 70 年代，在公共政策制定过程中使用定量模型促进了政策建模领域的发展，但这种传统的政策建模观点强调政策方案选择及效果评估，并以经济学为导向（Zhang et al.，2016）。政策信息学是通过利用新的建模和分析技术，如数据捕获、仿真、文本挖掘等处理海量政策数据，对复杂政策问题进行更广泛、更深入的研究与分析。除了新兴技术应用和海量数据处理之外，政策信息学还促进利益相关者的参与，以及政策问题的跨学科分析。

系统动力学在公共管理和政策信息学的背景下有发挥更加重要作用的潜力，其不仅能对当前状态进行描述性或预测性解释，而且有望解释复杂环境系统中出现的新现象（Axtel et al.，1996），包括提出有违直觉的新问题、扩大理论假设及适用边界、发现政策干预的非预期效应（Forrester，1971；Davis et al.，2007；Ghaffarzadegan et al.，2011）。系统动力学模型一般有三种表达方式：因果关系图、栈流图、方程公式。

基于 agent（代理人）的建模与仿真，是研究复杂系统的一种自下而上的建模仿真方法，它把智能体作为系统的基本抽象单位，对系统中大量的个体进行建模，个体具有相对简单的行为，通过个体之间的交互，就可以涌现出系统的整体行为。而在这失衡/均衡过程中，主体对于政策的反应-行动的过程以及在这个过程中的节点的涌现状态，决定了政策的演进路径。尽管公共政策常常表现为路径依赖，但依赖的是哪一条路径，却是由涌现状态决定的，而涌现的过程又是主体采取行动的非线性复杂过程。

系统建模过程是寻求系统的数学表达式，即建立数学模型的过程，仿真过程则可以看作所建模型的求解，而仿真软件与程序语言就是我们选择用来求解的工具和平台。一般用于仿真的计算机语言有 C、C++、Fortran、Python 等。利用 MATLAB/Simulink 系统满足建模需求，是目前实践过程中较为流行的方式。

3.3.2 社会网络分析

社会网络指的是社会行动者及他们之间的关系的集合（刘军，2009）。与文本挖掘不同的是，社会网络分析侧重于关系的研究，将个体与所在的社会情境联系起来。在社会网络分析方面，尽管公共管理研究者和实践者很早即认同社会的网群关系，但近年来社会网络分析在大规模计算和工具化、可视化方面的进展才逐渐奠定了其在公共管理与公共政策分析领域的应用基础。相关方法主要针对社会科学里对社会结构和社会关系的研究需求，其源头可追溯到数学家 Euler（欧拉）的图论工作，其基本思路是以节点和节点间联系分别代表行动者与行动者的关系，在这框架下测度与分析各行动主体间由于资源、信息的流动形成的动态关系，引入小世界（the small world）、结构洞（structural holes）等理论后使社会网络分析有能力描述和解释更为复杂的社会现象与问题（王飞跃等，2013）。此外，Granovetter（1982）弱关系的强度假设、Burt（1995）数据洞理论等的提出使得社会网络分析得以解释和描述复杂的社会关系问题。社会网络分析由于其结论可视化强等方面的优势在文献关系及网络舆情分析中得到了广泛的应用（Angus，2013；Wonodi et al.，2012；康伟，2012），社会网络分析与文本挖掘的叠加有助于发现网络舆情的扩散规律，从而更准确地判断政府决策与网络舆情间的互动关系。

社会网络分析的步骤为确定研究对象、数据收集、数据处理、数据分析和结论解释。常用的社会网络分析方法有中心性、凝聚子群、核心-边缘结构以及权威性分析方法，这些社会网络分析方法都可以对于社会网络中参与者的重要程度进行度量。社会网络分析的主要算法有网页排名（PageRank）算法和网页极少搜索（hyperlink-induced topic search，HITS）算法两种，分析工具有 Gephi、Ucinet、Pajek、NetMiner、stocnet 等。

3.3.3 自然语言处理：文本分析基础

自然语言处理是利用计算机科学和语言学知识对人类语言进行处理的过程，是计算机、人工智能、语言学等学科关注的计算机和人类（自然）语言之间相互作用的领域，主要关注自然语言理解以及自然语言生成等重要问题。自然语言通常表示为文本形式，因此文本分析是自然语言处理最基础、最常用的方法。目前的大多数信息（80%）是以文本形式来保存的，文本分析被认为具有较高的商业潜在价值。而无法利用计算机理解海量文本中的语义信息是长期以来文本形式的非结构化数据无法像结构化数据一样被政策分析者充分利用的根本原因（张楠，2015）。

基于表达机制的不同，可以将文本表示模型分为三类：①基于集合论的模型，即运用集合论和布尔逻辑，将文本以单词或短语的形式表示，包括布尔模型以及衍生的拓展布尔模型等；②基于代数的模型，即将文本表示成向量、矩阵或元组，计算文本之间的相似度，包括向量空间模型和主题模型等；③基于概率统计的模型，即将概率推理引入文本表示过程，包括概率模型以及统计语言模型等。

进行文本分析前，要先进行分词，在不同的语言环境下，分词的规则及处理方式是存在差异的。在分词之后，还需要进行词性标注，通常，词性标注的方法可分为基于规则的标注方法、基于随机标注的方法和混合型标注方法。常用的中文分词工具有结巴（jieba）分词、THULAC（Tsinghua University Lexical Analyzer for Chinese，清华大学中文词法分析工具包）、LTP（Language Technology Platform，语言技术平台）等，常用英文分词及词性标注工具有 NLTK（Natural Language Toolkit，自然语言处理工具包）、POS Tagger，常用的语料库有 LDC（Linguistic Data Consortium，语言数据联盟）中文树库、《人民日报》语料库、国家语委语料库、哈尔滨工业大学语料库等。

3.3.4 情感分析与主题建模：理解复杂语义

目前潜在狄利克雷分配（latent Dirichlet allocation，LDA）在文本挖掘领域应用较广，该算法是自动文本分析技术的一种，由 Blei 等（2003）提出，可以给出文档集里面每篇文档讨论的不同主题的概率分布值，是一种可以量化文本内容的无监督机器学习算法。LDA 建模无须了解分析文本的先验知识，也无须进行手工标注，仅需提前指定主题数即可。与传统基于字典的编码方法相比，LDA 算法严格按照词的共现模式对文档进行聚类，避免了手工编码的任意性（Jiang et al.，2019）。相比于只是简单统计政策数量的传统方法，以 LDA 为代表的概率主题建模方法无疑在政策理解上更具优势。在实际应用中，LDA 方法还能够对一词多义和一义多词的语言现象进行建模（张楠等，2019）。因此，在众多主题模型中，LDA 广泛应用于各类政策场景（Walker et al.，2019），如政府网站主题变化（Pan，2019）、政府工作报告主题分布（向东，2020）、网络舆情分析（Blei et al.，2003）等。

LDA 建模过程通常可以概括为两步。第一步是文档主题确定。随机挑选一个主题分布向量，使其服从某个先验参数 α 下的狄利克雷分布，通过参数估计文本样本库的隐含主题。第二步是文档主题概率矩阵确定。LDA 模型会为文本中每一个词随机挑选主题分布向量中的一个单独主题，直到遍历文档中每一个词，以此计算文档中的主题分布情况（马宝君等，2018）。通过 LDA 建模，可以实现对高维文档和语料库的降维，获得量化后的文档主题概率矩阵以及其他辅助主题含义判断的关键词列表和相关性较高的原文列表。Isoaho 等（2021）指出仅用高频词判断主题含义可能会歪曲主题含义，并且可能会隐藏模型中的其他问题。基于此，本书在高频关键词列表的基础上还筛选出和每个主题高度相关的前 50 篇原文文档辅助判断主题含义。在后续基于 LDA 结果的多主题政策层级扩散效果评估中，为了提升主题和外生中央政策匹配的精确度，避免测量的政策主题出现含义重叠问题，本书也通过高度相关的原文文档内容辅助进行人工干预，筛选出高指向性的中央政策层级扩散主题。

在求解 LDA 模型参数前需要指定建模的主题数，主题数常在模型训练前依照先验知识提前设定或根据研究者想要分析的主题的颗粒度进行指定。本书参考 Ma 等（2016）的研究，使用自然语言处理领域常用于判断语言模型优劣的困惑度（perplexity）作为 LDA 建模效果的衡量指标。困惑度在代数上等于每个词几何平均可能性的倒数，用式（3.1）表示：

$$\text{perplexity}(D_{\text{test}}) = \exp\left\{-\frac{\sum_{m=1}^{M}\log p(w_m)}{\sum_{m=1}^{M}N_m}\right\} \quad (3.1)$$

其中，w_m 为文档 m 的词；N_m 为文档 m 中的词数；$p(w_m)$ 为文档 m 中每个词的概率。困惑度数值较低，往往表示建模效果较好。

3.3.5 机器学习

大数据往往具有大体量（volume）、多样性（variety）、高速率（velocity）和价值密度低（value）等属性特征，即"4V"特征（陈国青等，2018）。其大体量的特征表现为规模大到无法在一定时间内用常规手段进行处理（钟瑛和张恒山，2013）。这时，就需要借助机器学习，辅助人类对数据进行处理和分析。近年来，随着大数据的快速发展，以概率统计为基础的机器学习受到工业界和学术界的极大关注，其理论和方法已被广泛应用于解决工程应用和科学领域的复杂问题（朱军和胡文波，2015），研究面向大数据的机器学习理论、算法及应用成为当前研究的热点（Boyd et al.，2010）。机器学习的核心是学习（闫友彪和陈元琰，2004），是一个从未知到已知的过程（郭亚宁和冯莎莎，2010），是计算机模拟人类的学习活动，识别现有知识、获取新知识、不断改善性能和实现自身完善的方法（闫友彪和陈元琰，2004；陈凯和朱钰，2007；杨剑锋等，2019），从而使计算机能够像人那样去决策（张润和王永滨，2016），通常包括无监督机器学习、有监督机器学习和半监督机器学习等。

其中，无监督机器学习事先没有任何训练数据样本，需要直接对数据进行建模，即直接根据预测因子/独立变量 X 生成结果/类型 Y，如主题建模、K-means聚类、主成分分析、因子分析等。有监督机器学习已有训练样本，通过估算模型来预测新数据的结果，并将模型应用到新数据以生成预测，如决策树、朴素贝叶斯、神经网络、支持向量机等（Anastasopoulos and Whitford，2019）。在实际应用中，还延伸出有监督机器学习和无监督机器学习两者结合的学习方法，即半监督机器学习方法。

分类是数据分析和机器学习领域的基本问题，目的是训练一个分类函数或分类模型，将需要处理的数据与给定的类别对应起来，从而实现数据预测和分类（程克非和张聪，2006）。在面临海量大数据文本时，传统的手工分类方式已经无法满足数据处理需求，因而需要进行文本的自动分类，这也是信息检索与数据挖掘领域的研究热点与核心技术，其主要任务是在预先给定的类别标记集合下，利用机器学习分类算法，构建分类器，然后根据文本内容判定它的类别（苏金树等，2006）。常见的分类算法有决策树、随机森林、朴素贝叶斯、K-近邻分类器、支持向量机等（何国辉和吴礼发，2009；邱鹏和段利国，2014）。每个算法各有优劣。例如，支持向量机属于黑箱模型，无法控制与分析模型的中间过程（Barakat and Bradley，2010）；决策树模型面对冗余样本时会导致决策质量降低，并伴随过拟合现象（谢益辉，2007）；朴素贝叶斯算法假设属性特征间独立，这导致在现实中误差率较高（陈祎荻和秦玉平，2010；贾昱晟，2011）；K-近邻分类器算法则效率较低（韩启迪等，2018）。

近年来，随着机器学习的快速发展，在单个算法的基础上，逐渐发展出各种改进和集成学习算法。其中，由 Friedman（2001）提出的梯度提升决策树（gradient boosting decision tree，GBDT）属于组合决策树模型，已成功应用于各种环境中的分类问题，并成为当前可用的最透明和可解释的机器学习算法之一（Chen and Guestrin，2016；Kleinberg et al.，2018），方法是用损失函数的负梯度值来模拟回归问题中残差的近似值（图3.1），在文本分类任务中表现得很好（Si et al.，2017）。GBDT 通过将弱分类器进行组合，来提升分类器的整体性能（Florez-Lopez and Ramon-Jeronimo，2015），减少模型方差和偏差（韩启迪等，2018），还可以避免过拟合的问题（王黎和廖闻剑，2017）。在数据量较大的情况下，GBDT 具有分类速度高且准确率也高的特点（段大高等，2018）。

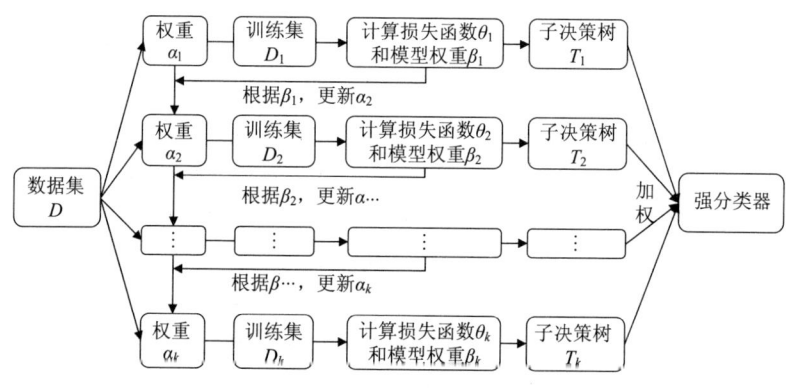

图 3.1　GBDT 算法的基本原理

3.4　本 章 小 结

政府网站数据中蕴含着国家和地方政府复杂社会问题研判、政策评估等重大战略决策的关键信息，从这些大规模数据中发掘研究价值，探讨政府网站大数据对政府决策过程的影响具有重要意义。但是，政府网站数据具有规模大、形态多样、标准不统一等特点，开发分布式、多形态网络数据抓取工具成为当务之急，政府网站和政务新媒体数据采集系统应运而生，利用这一系统实现了对政府网站和政务新媒体数据的实时抓取与存储，最终形成了包括约 1.99 亿条数据的信息公开文本库。

伴随信息、计算以及通信技术的快速发展，信息传递变得更加及时、便捷，政府管理者面临的社会问题变得更加多样化、复杂化（Johnston and Kim，2011）。通过应用计算机科学领域的数据处理方法，对结果进行描述和解读，一定程度上拓宽了研究的视界，并在公共服务、社会治理等若干领域进行了实例研究（马宝君等，2018；赵金旭和孟天广，2021；郑石明等，2021）。随着公共管理问题与数据科学研究方法的不断交叉融合，出现了政策信息学这一新的研究方向。在大数据驱动的全景式管理决策框架中（曾大军等，2021；陈国青等，2018），政策信息学面向公共管理与公共政策实践问题，依托大数据分析方法，以支撑政府更好地进行决策管理。而从数据驱动的具体研究范式和管理决策视角来看（伍之昂等，2021），仅仅利用大数据方法实现文本内容的降维和量化，还不足以发现知识和解读知识（张楠等，2019），仅有方法应用和算法结果的描述统计是不够的，更大的价值在于研究是否能够切中管理者在管理实践中关注的问题（黄欣卓，2019）。

在方法部分，政策信息学作为公共管理领域的大数据研究路径，关注的核心问题无疑主要集中在分析技术层面，力图进行面向公共管理与公共政策实践问题的分析方法创新。除了以文本挖掘技术为重点的大数据分析方法外，系统仿真建模、社会网络分析等方法也是政策信息学领域的主流分析方法，本章都进行了逐一介绍。

围绕政策信息学的跨学科性和方法综合性等特点，研究者需要重点解决基础技术方法到政策分析应用、数据分析价值到公共政策价值之间的中间层问题（张楠等，2019；曾大军等，2021；Yackee，2021）。一方面要衔接算法结果和有价值的管理学知识。通过结合公共管理经典理论分析各种政策问题，降低在大数据中进行建模的盲目性，提升算法结果的解释能力。另一方面要衔接管理学知识与政府实践，避免发现的新知识对现实世界不具有指导意义。通过在大量数据分析结果中寻找并建立各种政策指标和问题模型，提升对于复杂公共政策问题的解释能力和研判效果，并通过评估态势、掌握规律、回归估计、因果推断等智能应用，衔接政府数据分析和政府实践（Yue et al.，2020；吴俊杰等，2020；Lemire et al.，2020；袁韵等，2020）。例如，建立健全信息反馈机制，及时回应民意诉求，纠正政策偏差（郑石明等，2021），弥补传统决策存在滞后性的不足（Lemire et al.，2020）。

本章认为，通过引入大数据分析方法，公共政策分析相关学科有望突破原有边界，应对更为复杂的科学问题。将数据挖掘、社会计算与传统公共政策过程中经济学、社会学方法融合，将极大地丰富相关领域研究方法论，从而更好地应对不断发展和变化的复杂公共政策问题，在后续章节中，我们将政策信息学方法应用于政府网站数据的描述性分析、政策过程的因果推断、政府网站数据分析结果的场景应用等，将自然语言处理、神经网络推理、复杂网络下系统仿真建模等各类方法与政府网站数据分析紧密结合（Akhtar et al.，2020），以"数据+混合智能技术"促使政策制定从信息化向智能化方向发展，政策信息学也会在此过程中实现对政策过程的深刻理解、对政策的多维解析，并推动实现政策智能化（曾大军等，2021）。

第4章 描述性研究：基于主题建模的注意力分配识别

在前面的章节中，我们已经探讨了政府网站的发展历程以及绩效评估的演变，同时还介绍了政府网站内容数据的获取和政策信息学的基础理论方法。这些知识使我们能够更好地理解政府网站在不同阶段的演进特征和绩效评估的方法。

在本章中，我们将进一步研究，着重探讨基于主题建模的注意力分配识别。首先，简要介绍主题建模技术的背景和主要原理，以及其在社科研究中的应用。其次，深入探讨政治议程设置与政策注意力分配的概念，强调其在政府网站中的重要性。再次，详细描述主题模型在政策注意力识别与描述方面的应用，包括如何识别政策注意力、政策议题的追踪及政策注意力的时空描述性分析和回归分析。最后，探讨政策注意力分配机制描述，包括相关衍生指标的描述性分析。

通过本章的研究，我们将更深入地了解政府网站的政策注意力分配过程，这对于政府政策制定和决策具有重要意义。同时，我们也将学习如何运用主题建模技术来揭示政府网站中的政策关注点，为后续章节的研究提供重要的方法支持。

4.1 从人工编码到主题模型自动编码

4.1.1 主题建模技术的背景和主要原理

在过去，学界主要采用两种方法来对文本数据展开分析。第一种是人工编码，研究者根据编码手册的指引，依据句子或段落对文本进行编码。通常需要多位编码者参与，以避免主观偏误的影响。为确保编码结果的可靠性和效度，同一文本经常会被多位编码者编码。例如，徐婧欣等（2023）对法律数据库中提及数据分类分级的254个政策文本进行了数据处理和人工编码，指出数据分类分级政策目前存在基层政策推动力不足、政策工具使用不平衡、数据应用难等问题，并提出相关问题的解决建议，以进一步推动我国数据分级分类政策的发展。

第二种是自动文本分析技术。随着近年计算机技术在社会科学领域的广泛应用，自动文本分析技术出现了，它以机器学习为核心，主要包括有监督机器学习和无监督机器学习方法。有监督机器学习需要研究者先从大量文本中随机抽取一小部分进行人工编码，然后计算机根据这些编码样本对其余文本进行自动编码。而无监督机器学习不需要事先的人工编码样本，计算机可以基于概率分布假设对文本进行分类，帮助研究者推断潜在主题及其在每个文档中的分布情况。尽管人工编码方法在政治学和公共管理领域有着较长时间的应用，自动文本分析技术却在文本理解上有其独特优势。首先，人工编码需要大量的人力和时间资源，研究者需要对成千上万的文本内容进行编码，并且培训编码者也要投入时间。相比之下，自动文本分析可以更高效地完成文本分类任务。其次，人工编码容易受编码者主观判断的影响，可能导致研究结果受到干扰。然而，无监督机器学习的主题模型可以较好地避免这一问题。本书使用基于无监督机器学习的主题模型对新闻媒体报道的文本进行分析。值得注意的是，尽管无监督机器学习方法有时会误识别出无关主题，但研究者可以通过去除停用词和无关信息等方法尽量避免这些问题，以实现更准确的文本分类和主题提取。

在政府网站数据和政策注意力研究中，主题建模技术扮演着关键角色。它不仅仅是一种简单的文本分类方法，更是一种探索性的分析工具。通过数学建模和统计分析，主题建模帮助我们揭示了文本数据背后的潜在结构和内在关联，尤其在面对大规模数据时，传统的人工处理方式已经难以满足数据处理需求。这一方法不仅有助于厘清复杂文本世界，还为研究者提供了一种强大的工具，用以深入理解政府网站上的政策关注点、注意力分配情况以及政策文本的演变情况，为政府决策提供有力支持。在信息爆炸的时代，主题建模技术为我们在文本数据中探索和发现知识提供了一种高效的方法。

4.1.2　主题建模技术在社科研究中的应用

主题建模技术在无监督机器学习中被广泛应用于文本分类，它通过从文本语料库中自动抽取主题，为文本赋予隐含的语义信息，从而帮助完成文本分类任务，尤其是当传统的基于关键词的方法无法捕捉到文本的复杂语义关系时。

传统的方法已经无法满足对大量文本数据进行分类的需求，因此本书采用机器学习方法来进一步处理和分析抓取的约 1.99 亿条数据。机器学习方法可以分为两类：有监督机器学习和无监督机器学习（James et al.，2013）。这两类方法主要根据目标变量 Y 的性质进行区分。无监督机器学习是在没有预先训练数据的情况下直接对数据进行建模的方法。它从自变量/独立变量 X 中生成结果/类型 Y，如主题建模、K-means 聚类、主成分分析、因子分析等。有监督机器学习则是在已有一组已知样本的情况下，通过建立模型来预测新数据的结果，将模型应用于新数据以生成预测结果。常见的有监督机器学习方法包括决策树、朴素贝叶斯、神经网络、支持向量机等（Anastasopoulos and Whitford，2019）。在实际应用中，有监督机器学习和无监督机器学习也可以结合，形成半监督机器学习方法。无监督机器学习进行文本分类主要包括以下三个环节：人工编码和标注、模型构建和训练以及分类。首先，对机器采样得到的数据进行人工编码和标注。其次，基于机器学习算法构建分类模型，并对其进行训练和优化。最后，将训练好的模型应用于大量数据,进行分类操作。

近年来,国内外高水平刊物中的社会科学研究者开始深入探索以 LDA 为代表的主题模型在丰富现有理论概念的测量维度方面的潜力,并逐步发展出了一套基本的分析步骤。早在 2013 年,*Poetics*(《诗学》)杂志专门组织了一期专刊,该专刊不仅介绍了 LDA 模型的基本原理,还介绍了 LDA 模型在传播学、文学、历史学等多个研究领域的应用案例。

在社会科学领域,研究者聚焦于利用主题模型实现对媒体框架、议题注意力、议题界定等概念的测量(Jiang et al.,2019)。其中,Nowlin(2016a)的工作具有代表性。他阐述了通过 LDA 抽取的潜在主题如何反映政策的多个维度内容,为研究者测量政策议题提供了技术支持。Nowlin 以美国国会关于废弃核反应燃料堆的讨论文本为例,通过主题模型抽取了七个相关的政策子议题。这些子议题反映了决策者在讨论该政策议题时的认知和理解维度。这些子议题的关注度体现了决策者对废弃核反应燃料堆议题的界定。在国内,部分学者开始利用文本挖掘中的主题模型和情感分析来研究中国民众的议题关注与政府回应性问题(孟天广和李锋,2015;孟天广和郑思尧,2017;马宝君等,2018;孟天广和赵娟,2019)。此外,以计算社会科学和政策信息学为代表的研究领域也开始基于大数据研究方法对社会科学的研究范式进行系统性的理论思考,以促进社会科学领域研究方法的革新(张楠,2015)。

4.1.3 从 LDA 到多种主题模型

LDA 主题模型是一种广泛应用于文本挖掘和自然语言处理领域的概率生成模型。它被用来分析大量文本数据,以发现文本中隐藏的主题结构。LDA 主题模型的基本思想是,每个文档可以被看作多个主题的组合,而每个主题又是由一组词汇表示的。这些主题是隐藏的,无法被直接观测到,但可以通过分析文本中的词汇分布推断出来。LDA 主题模型假设文档生成的过程是由主题生成词汇,然后再由词汇构建文档,这个过程反映了文本中的概率分布关系。

LDA 主题模型被广泛运用于文本分类,但 LDA 主题模型也有诸多缺陷,主要有两点:一是 LDA 底层仅仅是一个一元(unigram)模型,不容易考虑词在文本中的相对位置;二是 LDA 主题的推断往往需要依靠人工归纳,颗粒度不高。为了提高文本分类的准确性和颗粒度,目前主题模型主要采取了流程改进和模型内部改进两种方法。

在流程改进方面,可以将若干主题模型串联、并联使用,以提高话题分类效率。例如,一个包含四个环节的分类器,第一个环节使用朴素贝叶斯分类器,直接将不属于该话题的微博以及事件发生日期以前发表的微博等内容删除;第二个环节并联使用不同话题的分类器,将前 10%(可调参数)讨论主题不属于该社会问题的文本删除；第三个环节是使用多层次狄利克雷过程分类器，将前10%讨论主题不属于该社会问题的文本删除；第四个环节再次并联使用多个不同话题的 LDA 主题模型，将其均值输出，进行精细化的分类。此外，还有黄璐等（2017）将融合主题模型和协同过滤算法的改进 LDA 算法，以及结合内容信息和行为信息的改进 LDA 算法串联使用，以对推荐的文章内容进行分类。除此之外，还有从语言视角、时间序列视角、聚类视角、事件驱动视角和技术优化等视角切入，对 LDA 主题模型进行改进的主题模型。

4.2　政策议题设置与注意力分配

政府网站体现出的议题设置与注意力分配，在本书的研究中扮演着不可或缺的角色。政府网站作为政府与公众互动的重要平台，不仅是政府政策和信息的主要传达渠道，还是政府行为的数字化镜像。这些网站内容的深入分析能够揭示政府在不同时期的政策关注点、政治议程和信息传达策略的演化过程。深入了解政府网站上的政策议题设置与注意力分配，是对政府政策制定和执行过程进行全面审视的关键。通过分析政府网站上的内容，我们能够洞察政府在不同历史时期、政策重大事件或社会需求下的政策焦点。这不仅有助于理解政府的政策制定逻辑，还有助于评估政府对不同议题的重视程度以及政策执行的效果。政策注意力的识别使我们能够了解政府对各种社会、经济和环境问题的反应，以及政府如何在不断变化的政治环境中调整其政策优先级。

4.2.1　政策注意力的概念

在社会学与管理学领域，注意力的研究具有悠久的历史，同时为政治学和公共管理领域关于议题注意力的研究提供了理论基础。具体而言，议题注意力指的是组织对特定政策议题所分配的关注程度。在信息社会的背景下，信息的多样性和复杂性导致人们难以迅速有效地处理大量信息，同时有限理性使人们难以并行处理信息，只能以串行方式逐步处理信息（Simon，1947）。因此，人们对某一议题的注意力增加将不可避免地减少其在其他议题上的注意力，这种注意力分配的消长现象也解释了注意力竞争的零和博弈属性。因此，在信息过载的时代，注意力成为一种重要的资源，正如 Simon（1947）所言，人们缺乏的不是时间，而是注意力。

从政府的议程设置角度来看，政策出台的前提是政府能够提前将相关议题纳入议程，即为什么有些议题进入议程，而有些退出（Dutton，1996）。这需要政府基于特定原则在不同政策议题之间分配注意力，并有选择地将议题列入议程，特别是在多任务-多委托的制度环境中，地方政府必须处理来自各个政策领域的诸多议题，同时还要应对委托方施加的压力。这些委托方通过不同的激励和策略来争夺政府的注意力,希望获得更多的政策关注和资源投入。然而,鉴于议程空间的有限性,各议题对政策注意力的竞争呈现出零和博弈的特点。

在现代政府议程设置中,某一议题政府关注程度的增加往往意味着其他议题政府关注程度的减少。这一现象表明,注意力在政府议程中具有资源性特征,不同议题之间存在竞争关系,这些议题的注意力决定了它们在政府运作中的地位(March,1962)。正如 March(1962)所认为的,组织内部的不同部门会争夺有限的注意力资源,形成一种内部的政治竞争关系。

此外,还有研究将议题注意力的分配视为政策制定者对某一议题的构建过程,进而影响政策的制定。这种观点认为,注意力的分配实际上反映了政策制定者对议题的认知建构,从而影响了政策制定者对问题的解决策略(Corner et al., 1994)。在这个角度下的研究,实际上涉及政策建构相关的讨论,与政治学和公共管理学的关注点相似且相互关联。

在现有文献中,有关议题注意力的研究主要从以下三个维度展开实证研究。

(1)注意力的分配比例。注意力的分配比例指的是议程中各政策议题所获得的注意力的占比。这种分析方法可以揭示议题在政府议程中的重要性和地位。特别是,对于那些在政府关注下得到更多注意力的议题,其在政府议程和政策制定中的地位较高。注意力的分配比例是注意力分配核心概念的体现,在管理学、组织治理学以及公共管理领域得到广泛关注。本书关注的是注意力分配,即政府议程中不同议题所占的注意力比例。

(2)注意力的多样性。研究者不仅关注政策议题得到的注意力的分配比例,还关注在时间和空间上不同议题注意力分配的多样性。多样性指政府在时间和空间上均衡地分配注意力给不同的政策议题。在极端情况下,如果政府在时间和空间上对所有议题的注意力分配比例相近,那么我们认为政府议程的注意力分配多样性程度较高。反之,在政府议程中,某些议题获得了绝大部分的关注,那么其多样性程度则较低。相关研究(McCombs and Zhu,1995;Boydstun et al.,2014)对这种多样性的产生机制和影响效应进行了探讨,但仍存在许多问题需要进一步研究。

(3)注意力的稳定性。注意力的稳定性指的是在某一政策议题上政府分配的注意力在时间维度上的变化程度。如果政府对某一议题始终保持较为稳定的注意力分配比例,那么其注意力的稳定性较高。例如,某一教育类议题在政策注意力中的占比在长时间内变化较小,表现出较高的稳定性。反之,如果政府对某一议题的注意力在短时间内发生较大变化,那么其注意力的稳定性较低。研究者对于注意力稳定性的发生机制和影响效应进行了一系列的跨国研究,得出了一些一致的结论(Chan and Zhao,2016;Jennings et al.,2011;Alexandrova et al.,2012)。

Jones 和 Baumgartner(2005)提出的间断-均衡(punctuated-equilibrium)理

论描述了长周期内注意力变化率的分布。具体而言,这一理论表明,政府的注意力在长时间内保持稳定状态,并呈现出渐进调整的特征,然而在短期内也能够观察到政策注意力的剧烈转变。实证研究中,间断-均衡表现为议题注意力变化率的概率密度分布呈现出尖峰肥尾的特征,即同时存在大量低水平和高水平议题注意力的历时变化率。

间断-均衡出现的前提是有限理性和制度摩擦。有限理性不仅意味着决策者只能顺序处理信息流,无法并行处理,还意味着他们倾向于使用现有的解决方案来应对新问题。制度摩擦进一步加大了决策者信息处理能力的局限性,政府由于制度摩擦而难以迅速响应问题信号,这增加了政府转变议题注意力的成本,增强了政策注意力在议题间分配的稳定性。然而,政府对问题信号的迟缓响应会逐渐积累成社会问题,直至问题严重到一定程度时,政府才会做出响应。在这种情况下,政府的响应往往具有过度反应的特点,从而导致政策的间断。

4.2.2 议题设置与注意力分配的重要性

议题设置与注意力分配的重要性在于,不同组织对注意力的差异性分配将产生一系列影响后续组织行为的效应。在管理学领域,Ocasio(1997)提出的企业组织的注意力基础观为后续研究者提供了关于组织注意力形成与影响的一般性分析框架。在这一框架中,注意力焦点和注意力结构性分配原则为研究组织注意力对组织行为的影响提供了理论基础。在这一理论范式中,Ocasio(1997)认为,注意力焦点的存在意味着组织管理者对不同议题事项的关注度是不同的,这反映了管理者的偏好。因此,对于那些获得注意力的议题事项,管理者的实际行动往往更集中在这些议题上。而注意力结构性分配原则指出,注意力在不同议题间的分配结构不仅会影响组织的文化规范,还会影响决策者的行为。在这一理论框架下,组织的注意力分配决定了组织内部决策和行动的侧重点。管理者的注意力焦点影响了他们在不同议题上的投入,从而塑造了组织的行为。注意力结构性分配原则影响了组织内部信息流动的模式,进而影响了组织对不同议题的感知和反应能力。因此,议题注意力的分配不仅在个体决策层面具有影响力,也在组织层面塑造了行为偏好。

在不同领域中,学者在实证层面上对议题设置和注意力分配进行了多方面的研究,并从多个维度丰富了该理论。

在企业管理领域,Levy(2005)结合管理者认知理论和企业高层阶梯理论,探究了企业高管的注意力模式对企业战略的影响。他发现,高管团队将注意力聚焦在外部环境时,企业更容易推广国际化战略,而注意力集中在内部环境时,企业则不倾向于国际化。Yadav 等(2007)则研究了企业管理者的注意力与组织创新之间的关系。与传统观点不同,他们发现当管理者关注未来和更宽泛的外部事件时，才能促进企业创新。Gebauer（2009）的研究揭示了注意力在服务领域的分配如何影响企业的战略选择，Eggers 和 Kaplan（2009）探讨了新产品引进的议题注意力影响效应，Ambos 和 Birkinshaw（2010）则研究了子公司效应等多个方面。

国内学者也在中国企业组织中进行了实证研究。例如，吴建祖和肖书锋（2016）研究了不同创新模式下企业高管团队的注意力转移如何影响研发投入。他们发现，从利用式创新到探索式创新的注意力转移会促使企业增加研发投入。董临萍和宋渊洋（2017）的研究则揭示了企业高管团队的注意力分配对企业国际化绩效的关键影响。他们发现，关注国际化议题的高管团队更容易实施有效的国际化战略。

在政治学和公共管理领域，研究者也分析了政策注意力对政策产出的影响效应。Jones 和 Baumgartner（2005）提出的间断-均衡理论影响了政策注意力研究。Mortensen 和 Green-Pedersen（2015）研究了政府机构改革的数据，发现机构设置受到政策注意力的影响。

4.3　基于主题模型的政策注意力识别与描述

4.3.1　基于主题模型识别政策注意力的流程

识别政策注意力的流程包括文本数据预处理、主题模型的构建与训练，以及根据主题分布解释政策注意力分配的过程。这一流程帮助研究人员深入了解不同议题之间的关联和注意力权重。本节以范梓腾（2020）对中国数字政府议程和中国政府政策议程两个数据进行分析的过程为例进行介绍。政策注意力描述性分析过程主要包括原始文本数据信息收集、文本数据预处理、概率主题建模、人工判断主题含义和文本数据主题归档五部分（图4.1）。

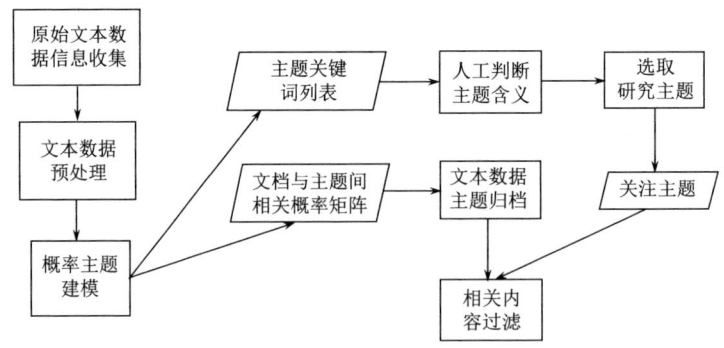

图 4.1　政策注意力描述性分析过程

资料来源：马宝君等（2018）

1. 数据收集

本书构建了两套原创数据库——中国数字政府议程数据库和中国政府政策议程数据库,用于分析省级数字政府议程的注意力分配模式和政策议程结构。此外,还利用多个数据源,如《中国统计年鉴》《中国检察年鉴》、中国社会状况综合调查(Chinese Social Survey,CSS)、中国政治精英数据库(Chinese Political Elite Database,CPED)等匹配数据,最终构建了覆盖31个省级政府48个季度的时间序列横截面数据,共计1488个样本观测值。

2. 主题模型实施

在深入探索 LDA 主题模型方面,本书展现了一系列精心设计的步骤,以揭示省级数字政府议程的内在主体结构。下面详细阐述了这些步骤的关键内容。

(1)文本预处理。作为启动点,本书采用了 jieba 中文分词工具,将原始文本分割成独立的词汇单元。这种分词不仅将文本转化为计算机可处理的形式,还使分析可以从词汇的视角进行,为后续主题建模奠定了基础。

(2)停用词清理。为了提高主题模型的精度,本书精心剔除了停用词。这些停用词在文本中频繁出现,但往往缺乏实际含义。此外,本书还排除了与数字政府议程关系不大但频繁出现在官方文本中的词汇。这个环节的目标是将分析集中在具有实际意义的关键词汇上。

(3)主题数选择。为了选择合适的主题数,本书依赖主题一致性这一重要指标。通过比较图 4.2 中不同主题数下的主题一致性,能够确定最佳主题数量,以确保模型的稳健性和可解释性。与传统的困惑度指标相比,主题一致性更有助于反映主题的内在连贯性和质量。主题一致性是决定主题数量的主要指标,当主题一致性达到拐点时,主题数与主题的语义混杂度将达到一个比较经济的平衡点。

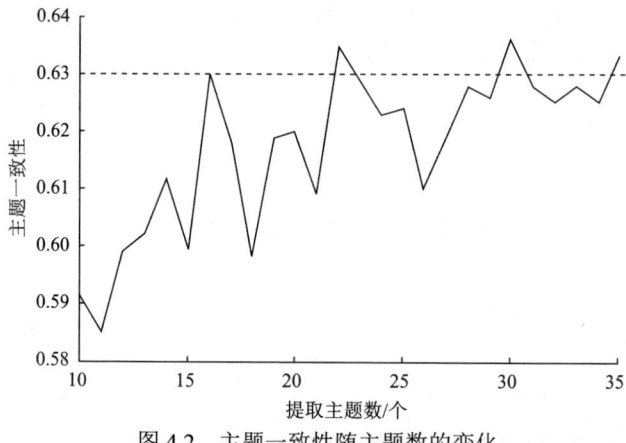

图 4.2 主题一致性随主题数的变化

（4）计算。在进行 LDA 主题模型分析时，本书选择了 Python 中 Gensim 模块的 LDA 工具包。Gensim 专注于处理非结构化文本，不仅支持计算主题一致性指标以帮助确定最佳主题数，还能从文本数据中提取出最能代表每个主题内涵的关键词汇，从而进一步揭示主题的内在特点。

通过以上步骤，本书成功地应用 LDA 主题模型揭示了省级数字政府议程的内在主题结构。在这个分析过程中，不仅充分考虑了技术处理的细节，还强调了对主题数和主题内涵的深入思考，以确保获得更加准确的分析结果。

3. 主题关键词和主题语义归纳

表 4.1 展示了涵盖省级数字政府议程的 16 个政策子议题。这些子议题根据各主题下的聚类词汇的语义特征进行了命名，如经贸合作、市场监管、社区治理等。在为这些主题命名的过程中，本书采取了一系列策略。首先，对于每个主题，着重考虑了其中的关键词，即在表 4.1 中列出的排名靠前的词汇。这些核心词汇在该主题中的出现频率较高，具有更强的语义界定作用。其次，借助 Gensim 找出文本中最能反映主题含义的关键词汇，来辅助分析。例如，对于主题 6，其中的核心词汇包括公开、权力、制度、监督、规范，强调了通过应用数字政府，可以提升政府的透明度与公众的监督力度，规范权力的运行。通过人工核验相应的报道文本，进一步确立了该政策子议题聚焦的内容是政府信息公开。鉴于本书关注政府在数字政府议程中对经济发展和政府建设等子议题的关注程度，因此议题划分主要基于政策子议题的目标是否直接与经济活动或政府活动相关。例如，经贸合作、市场监管、经济信息化等属于经济发展子议题；而政府信息化、信息公开、媒体公关等则属于政府建设子议题。这样的划分为后续分析提供了有针对性的框架。

表 4.1　基于 LDA 提取的数字政府议程的 16 个政策子议题及其关键词

主题1	主题2	主题3	主题4	主题5	主题6	主题7	主题8
经济发展	经济发展	社会服务	政府建设	经济发展	政府建设	政府建设	经济发展
经贸合作	市场监管	社区治理	政府信息化	经济信息化	信息公开	媒体公关	经济体制
城市	清单	社区	数据	互联网	公开	网站	经济
新区	事项	农村	智慧	网络	权力	发布	人民
国际	监管	文化	系统	信息化	制度	媒体	创新
合作	制度	就业	城市	网络安全	监督	时间	制度
创新	行政审批	居民	互联网	通信	规范	市民	文化
产业	环境	教育	信息化	移动	运行	新闻	科学
开放	市场	街道	数字政府	经济	政务公开	微博	会议

续表

主题1	主题2	主题3	主题4	主题5	主题6	主题7	主题8
中心	投资	民生	数字	技术	事项	网络	深化改革
经济	登记	治理	业务	安全	行政审批	有限公司	体系
试验区	营商	生活	共享	宽带	效能	关注	政治
环境	取消	城乡	技术	中国电信	机关	这是	省委
投资	权力	基层	移动	创新	信息公开	微信	治理
区域	简政放权	医疗	基础	中国移动	责任	公众	体制
战略	信用	城市	手机	世界	内容	主任	体制改革
优势	营商环境	学校	电子	无线	阳光	负责人	战略
主题9	主题10	主题11	主题12	主题13	主题14	主题15	主题16
经济发展	政府建设	政府建设	政府建设	经济发展	经济发展	经济发展	经济发展
行政审批	反腐倡廉	党员教育	依法行政	经济转型	经济投资	土地交易	税收税务
办理	干部	活动	法治	创新	亿元	规定	纳税人
事项	制度	干部	执法	产业	投资	机构	办税
办事	监督	学习	安全	经济	旅游	交易	税收
窗口	作风	基层	法律	创业	城市	采购	纳税
一次	教育	组织	依法	科技	产业	土地	税务
网上	责任	党员	制度	人才	工程	招标	地税
行政审批	整改	教育	质量	亿元	生态	公共资源	国税
服务中心	规定	党建	立法	投资	增长	组织	业务
跑一次	检查	实践	监管	技术	经济	文件	系统
受理	党风廉政	党组织	司法	产品	农业	工程	涉税

4. 主题概率理论归纳

为了进一步细化分析，本书将表 4.1 的政策子议题根据之前提出的一般性分类模型进行了归类。具体操作如下。

首先，本书根据微观层面的刺激因素对政策子议题进行了分类。其中，经济发展子议题被归类为强激励子议题，而政府建设子议题则被归类为弱激励子议题。其次，根据制约层面的阻力因素，本书将涉及政府部门自身利益的政策子议题归类为强阻力子议题，而将不对政府部门既有利益产生实质损害的子议题归类为弱阻力子议题。基于以上标准，这些政策子议题分为四类（图4.3）。

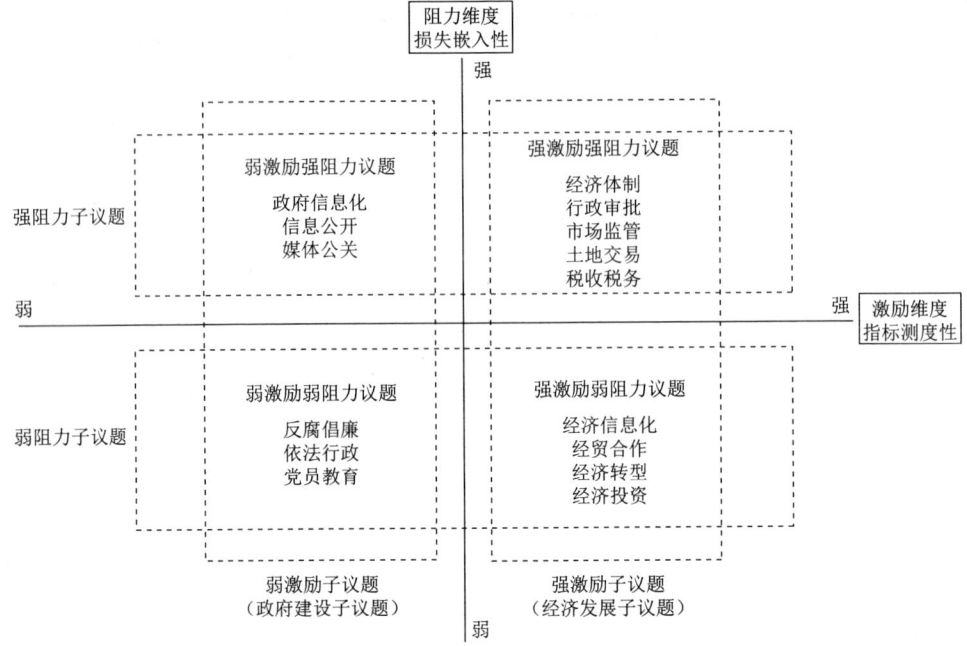

图 4.3　按照属性归纳的文本主题

（1）强激励强阻力议题：包括经济体制、行政审批、市场监管、土地交易、税收税务等。其中，以行政审批为代表，该子议题直接服务于市场活动中的企业，旨在优化区域整体的商业环境，通过一系列统计指标如新注册企业数等来衡量政策产出，属于经济发展/强激励子议题。然而，从政策子议题实际执行所面临的阻力来看，它也属于强阻力子议题，特别是在数字政府实施背景下，行政审批强调通过数据共享等数字化手段重塑政府办事流程，将办事流程公开，需要重组政府部门的利益格局。

（2）强激励弱阻力议题：典型代表是经济投资。经济投资属于经济发展/强激励子议题，全国范围内存在统一的指标体系，用于衡量不同省份的实际成效，如招商引资项目数和企业投资额。这使得各省份有强烈的激励来推动政策子议题。同时，其在实际执行中面临的阻力相对较弱。

（3）弱激励强阻力议题：包括政府信息化、信息公开、媒体公关等。这些子议题在政府自身利益格局的重组方面面临着强烈的阻力，尽管属于政府建设/弱激励子议题，但是在政策实施过程中，其所涉及的政府部门权益重组是一个较难解决的问题。

（4）弱激励弱阻力议题：典型代表有反腐倡廉、依法行政、党员教育等。这些议题在刺激和阻力方面都相对较弱。

5. 主题的描述性统计分析

接下来，本书对主题分类结果进行了描述性统计分析（表4.2）。在数字政府议程的子议题关注度方面，本书发现了一系列有意义的结果。首先，从省级政府的视角来看，经济发展（强激励）子议题的关注度的均值达到了0.500，而政府建设（弱激励）子议题的关注度的均值却仅为0.422。这意味着，总体而言，省级数字政府议程更加倾向于关注经济发展（强激励）子议题。进一步观察，经济发展（强激励）子议题的关注度的标准差为0.159，而政府建设（弱激励）子议题的关注度的标准差为0.147。这说明尽管经济发展（强激励）子议题受到更多的政策关注，但其在不同观测样本间的波动幅度更大。

表4.2 描述性统计分析结果

变量名称	均值	标准差	最小值	最大值	观测值
经济发展（强激励）子议题的关注度	0.500	0.159	0	0.84	1488
政府建设（弱激励）子议题的关注度	0.422	0.147	0	0.91	1488
强阻力子议题的关注度	0.570	0.155	0	0.98	1488
弱阻力子议题的关注度	0.350	0.123	0	0.79	1488
强激励弱阻力议题的关注度	0.207	0.102	0	0.71	1488
强激励强阻力议题的关注度	0.293	0.130	0	0.80	1488
弱激励弱阻力议题的关注度	0.141	0.084	0	0.77	1488
弱激励强阻力议题的关注度	0.281	0.124	0	0.87	1488
省政府政策议程结构均衡性	2.503	0.346	0	2.95	1488
省政府经济发展议题偏好	0.395	0.097	0	1.00	1488
省政府政府建设议题偏好	0.147	0.089	0	1.00	1488
中央经济发展议题偏好	0.530	0.150	0.22	0.88	1488
中央政府建设议题偏好	0.080	0.074	0	0.33	1488
公众经济发展议题偏好	0.360	0.110	0.05	0.61	1488
公众政府建设议题偏好	0.430	0.120	0.03	0.68	1488
官员任期	2.871	1.874	1.00	10.00	1488
官员年龄	57.836	3.810	45.00	65.00	1488
官员经济部门工作经历	0.490	0.500	0	1.00	1488
官员经济专业教育背景	0.450	0.497	0	1.00	1488
经济发展问题的严重性	10.300	3.311	8.10	25.10	1488
政府建设问题的严重性	0.280	0.123	0.04	1.65	1488
本省人口总量（对数）	8.100	0.850	5.65	9.32	1488
本省人均地区生产总值（对数）	10.427	0.594	8.66	11.77	1488
地区效应	2.032	0.860	1.00	3.00	1488
季度效应	2.500	1.118	1.00	4.00	1488

同样的分析逻辑也适用于阻力维度。尽管强阻力子议题的关注度的均值显著高于弱阻力子议题，但其在观测样本间仍呈现出较大幅度的波动。进一步，强激励强阻力议题和弱激励强阻力议题分别获得了近30%的政策关注，而强激励弱阻力议题和弱激励弱阻力议题所获得的政策关注则较小。

省政府政策议程结构均衡性的均值为2.503，标准差为0.346。在议题偏好方面，经济发展议题在省级政府议程中的平均占比达到39.5%，明显高于政府建设议题的占比（14.7%）。虽然这两类政策议题的平均占比存在较大差距，但它们的标准差却十分接近。这表明，相较于政府建设议题，经济发展议题在当前阶段仍然在省级政府议事日程中占据着重要地位。

然而，在中央层面的分析却进一步放大了经济发展议题和政府建设议题之间的地位差异。中央经济发展议题的平均占比高达53.0%，而中央政府建设议题的平均占比仅为8.0%。在政策议题的波动幅度方面，中央层面对经济发展议题讨论的占比在某些季度中最高可达到88%，而在最低季度中达到了22%。与之相比，政府建设议题所获关注在不同季度的波动范围为0到33%。

从公众的议题偏好方面来看，调查显示，本地民众对政府在经济发展方面的意见表达占36.0%，而对政府在"廉洁奉公，惩治腐败"、"依法办事，执法公平"以及"政府信息公开，提高政府工作的透明度"等方面的意见表达比例则达到了43.0%。这意味着，相对于经济发展议题而言，本地民众对政府建设议题更为关注，这也反映了他们对于该类议题的需求更为迫切。进一步的分析还显示，在民众对促进经济发展需求最迫切的省份，民众对本地经济发展方面的意见表达占比超过了60%。而在民众对增强政府建设需求最迫切的省份，民众对本地政府的日常工作方面的意见表达占比接近70%。

4.3.2 国际视野下的政策注意力描述以及主题模型应用

在国际视野下，主题模型在政策注意力研究中的应用呈现出高度抽象的特点。这一分析方法广泛应用于政治议程、法律法规、人权问题、社会议题等领域，具有多领域的适用性。主题模型的关键优势在于其能够深入挖掘文本数据的内在结构，帮助研究者揭示复杂社会现象的内在联系和演变趋势。通过抽象地捕捉政府关注的核心话题、政策议程的演进过程和社会议题的变化，主题模型为政策制定、社会研究和学术探索提供了强大的工具，有助于对政策注意力的全面理解和解释。这一抽象的特点使得主题模型成为跨学科研究的桥梁，为不同领域的研究者提供了一种通用的分析方法，促进了对复杂社会问题的深入研究。

在国外的一些研究中，主题模型被广泛运用于政策议题的追踪。Greene 和 Cross（2017）利用1999年至2014年欧洲议会发表的269 696篇演讲数据，运用动态主题模型的方法，实现了对欧洲政治议程的深入洞察。通过分析不同时间段内政治演讲的核心话题，研究者能够揭示欧洲议会议程的变迁以及政策议题的演进趋势。这种分析有助于理解政治话题的变化对政策制定和社会发展的影响，也为政策制定者提供了支撑，使其能够更有针对性地应对当前和未来的挑战。Wei 等（2017）的研究则聚焦于政府工作报告中的主题演化。通过对长达几十年的政府工作报告进行主题模型分析，研究者能够识别出政府工作重点的变化和发展趋势。这样的研究有助于了解政府在不同时期的政策关注点，以及这些变化如何反映社会、经济和政治的变化。同时，这也为政府部门提供了反思和调整政策议程的依据，以更好地满足社会的需求。Rockmore 等（2018）的研究将主题模型应用于分析各国宪法文本，通过将宪法降维为少数几个关键话题，揭示了各国宪法之间的关系，并利用谱系图和扩散树的方式展现了宪法演变的历史脉络。这种方法不仅提供了对宪法文本的新的解读途径，还深化了我们对国家制度和法律基础的理解。Blauberger 等（2023）通过对不同国家自由流动议题进行研究，展示了主题模型在分析社会议题演化方面的潜力。这些研究不仅有助于捕捉议题在不同时期的变化，还能帮助研究者理解议题演化的驱动因素和社会背景，为政策制定和社会发展提供支持。

Quinn 等（2010）在其研究中运用主题模型对美国国会记录进行了广泛的文本分类分析，数据涵盖约 11.8 万篇文本。在该研究中，研究者首先使用不同的文本分类方法进行比对，其中包括人工标注等多种方法，以确定不同方法在分析立法主题时的优劣势。通过采用主题模型，他们成功地识别出了立法的关键主题，并揭示了这些主题之间的关系和相互影响。该研究的创新之一在于将识别出的立法主题进行了聚类分析，以探究这些话题之间的内在联系。这种方法有助于深入理解不同立法议题之间的共性和差异，为政策制定者提供了更全面的视角，帮助他们更好地把握各项议题的综合影响。此外，该研究还关注了立法主题的时间变化趋势，揭示了不同议题在不同时期的关注度的变化。这种时间趋势的分析能够揭示政策议题的演进轨迹，帮助政策制定者更准确地预测和应对不同时期的政策挑战。该研究还探索了不同身份的参议员对政策话题的关注度。通过分析不同参议员对不同立法议题的关注度，研究者能够更深入地了解不同政治角色对政策议题的态度和立场，有助于揭示政治决策中的多样性。Nowlin（2016b）的研究则聚焦于核电政策议题的分解和分析。在研究中，他选择了 1975~2012 年的 35 条关于核能的议案作为研究对象，并运用主题模型对这些议案进行分类。通过这一方法，他能够将一个政策议题从多个维度进行把握，将其解析为不同的主题。此外，他还利用法案通过的年份进行回归分析，以观察不同年份的法案注重的方面。这种方法的创新之处在于将同一篇政策文本分解到多个维度，从而更全面地探讨了议题的不同侧重点。这种方法能够揭示政策议题的复杂性和多样性，为政策制定者提供更丰富的信息。

这些研究充分展示了主题模型在不同领域中的多样应用，从政治议程到法律法规，再到社会议题等。这种分析方法可以帮助研究者挖掘文本数据中的隐藏信息，更好地理解和解释复杂的社会现象，为政策制定、社会研究和学术探索提供了有力的工具和新的研究视角。

4.3.3 中国政府网站中的政策注意力分配和主题模型应用

在政府管理实践中，政府网站数据的监测和分析为政策制定和执行提供了重要的支持，尤其在多层级政府组织治理模式下，这种方法具有较好的应用前景。随着数据科学和公共管理研究的不断融合，政策信息学研究关注如何更有效地将管理知识与文本挖掘计算过程相结合，以提高计算的准确性，并加深对政府管理和决策行为的理解，进一步推动政策信息学领域的发展。

张楠等（2023）以120作为建模主题数对1 708 735条政府门户网页文本数据进行LDA主题建模，然后依次对建模得到的120个政策主题的含义进行了判断。可解释的政策主题数为111个，图4.4为主题含义和占比情况（即图中面积大小），反映了2018年地方政府门户网站注意力分布情况。其中，占比最高的5个主题分别是扫黑除恶（3.9%）、公益活动（3.7%）、领导慰问（2.7%）、城市综合执法（2.6%）和空气污染防治（2.5%）。在111个可解释政策主题中，显然并非所有主题均是由中央政策激励而生成的。其中，部分主题为地方政府主动公开宣传，如领导慰问、干部学习和红色教育等；部分主题为政府日常行政信息公开，如防汛救灾、行政信息公开、市政电力保障、公交线路调整、职责公示、信息公开年报、气象信息、环评公告等；其他主题可能是中央政策激励、地方特色创新或其他因素对地方政府网站注意力分配产生的影响，需要依据当年中央发布的外生政策情况辅助判断。

在当前复杂的政策环境中，本书的研究显示了传统的模型驱动决策方式正在向新的大数据驱动决策方式转变，同时政策制定也正在从信息化发展为智能化。通过大规模数据分析，本书建立了政策相关的指标和问题模型，这有助于进行多维度的政策分析，同时提高了我国在公共管理和国家治理领域的政策决策的科学水平。

本书使用概率主题建模方法，对全国省、市级政府门户网站的170万余篇内容数据进行了分析，以描绘网络政府的注意力关注情况。通过测量一定时间内外部中央政策激励引发的政策议题变化情况，本书构建了两个中央政策层级扩散测度指标，即政策扩散速度和政策扩散程度。这些指标提供了新的角度，有助于更深入地理解中央政策的扩散。在理论探索方面，本书积极探索了政策科学和数据科学的交叉融合，通过将数据算法结果转化为有意义的管理决策知识，实现了政策信息的更深入挖掘。同时，广泛的网页内容确保了我们能够捕捉到政府政策议

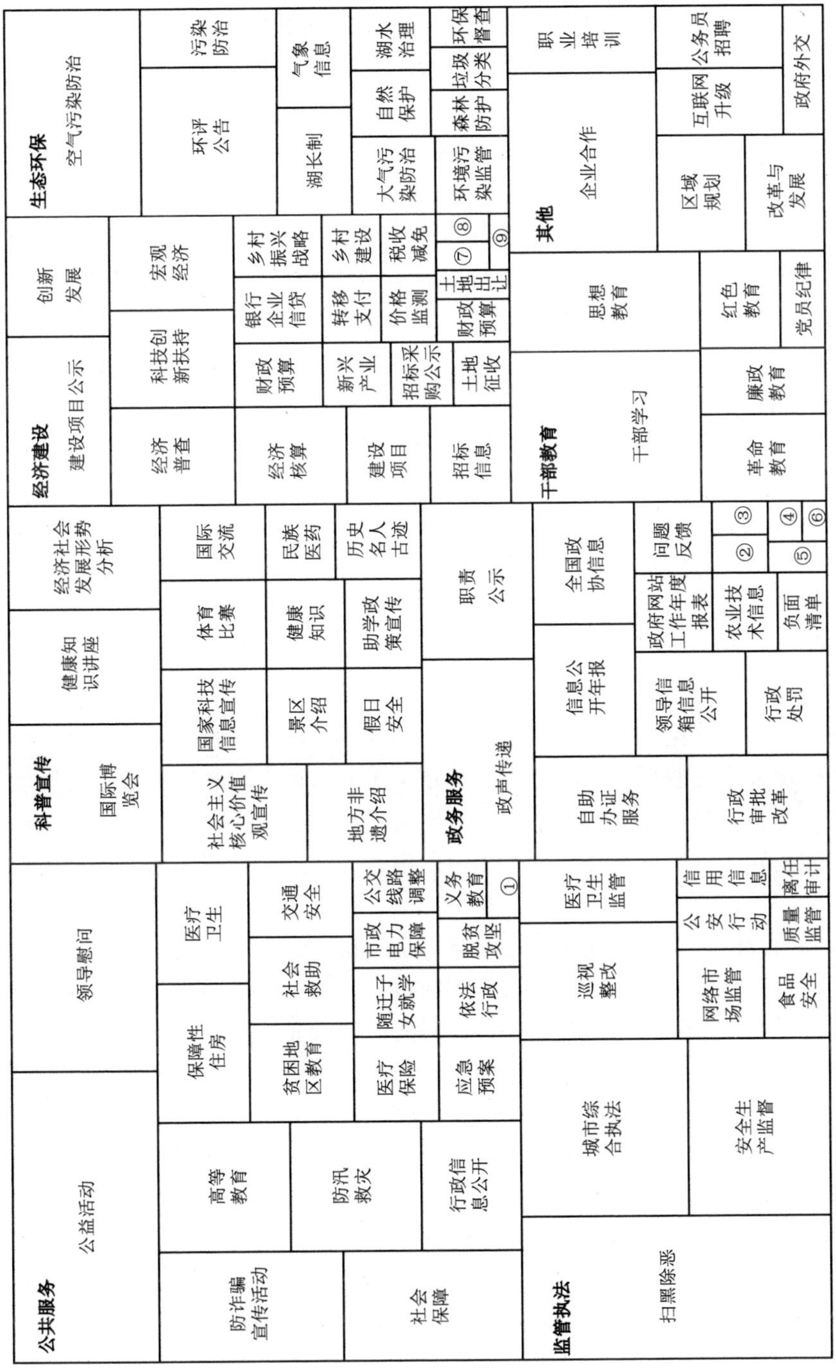

图 4.4 2018年地方政府门户网站注意力分布情况

①传染病疫情公示；②畜禽产业信息公开；③不动产信息公开；④银监会（现为国家金融监督管理总局）任职核准；⑤金融监管信息；⑥事业单位法人登记事项；⑦农机购置补贴；⑧土地使用权；⑨农林经济

题注意力的微妙差异，相比概括性的指标，这些内容更好地反映了政策执行的细节和程度。数据驱动的测量方法也克服了传统测量技术成本高的难题，适用于大规模、多形态存储的数据。

对政策注意力进行描述性分析在当前背景下具有重要意义。它有助于揭示政府决策制定过程中的细节，为政策制定和管理提供了更全面的视角。这对于我国多层级政府组织治理模式下的政策执行具有指导意义。未来，数据科学和公共管理领域的深度融合将帮助我们更好地理解政府管理和决策行为，这也是未来研究的关注重点。

4.3.4 政策注意力时空描述性分析和回归分析

政府对于科技创新结果的应用是一个重要的问题。范梓腾等（2018）以电子政务相关的政策文本为切入点，探讨了政策注意力对创新成果采用的影响。

随着信息技术的不断发展和普及，电子政务已经成为政府服务和治理的重要手段。在中国，电子政务的发展也得到了政府的高度重视和支持。然而，尽管电子政务在中国得到了广泛的应用，但是对于电子政务的发展状况和影响因素的研究还比较有限。因此，本节旨在通过分析中国各个省份官方报纸上关于电子政务的文章，揭示电子政务在中国的发展状况和影响因素。具体来说，研究人员使用LDA主题模型分析了这些文章中隐藏的主题，并计算了每个省份在每个主题上出现的概率。通过分析这些概率，研究人员揭示了不同省份在电子政务的经济维度上的主题关注度存在显著差异，并发现了不同省份在不同主题上的关注度存在着时间维度上的差异。这些研究结果可以为中国电子政务的发展提供重要的参考和借鉴。

本书研究的数据集是研究人员通过收集每个省份官方报纸上关于电子政务的文章获得的。研究时间为2006~2018年，共收集了31个省份303个观察值。在这个时间段内，平均每年每个省份的官方报纸都会发布约71篇关于电子政务的文章，标准差为65.875。本节的研究还提到了不同省份在电子政务文章数量上的差异。例如，广东省在2011年发布了384篇关于电子政务的文章，而安徽省在2006年只发布了1篇。此外，本节的研究还提到了官方报纸在电子政务文章中经济相关主题的概率分布等数据。

文本预处理包括以下步骤：①去除停用词，研究人员使用了中文停用词表来去除文章中的停用词，如的、了、和等；②分词，研究人员使用了jieba分词工具对文章进行分词处理；③去除低频词，研究人员去除了在所有文章中出现次数小于5次的词语；④去除高频词，研究人员去除了所有文章中词频占比大于10%的词语；⑤词干提取，研究人员使用Snowball Stemmer算法对词语进行了词干提取；⑥构建词袋模型，研究人员使用词袋模型来表示每篇文章，将每个词语表示为一个向量,并将所有向量组合成一个矩阵。

随后研究人员对所有文本进行了 LDA 主题建模,并计算了每个主题出现的概率。在经济维度方面,研究人员将每个主题出现的概率进行了加总,并通过定性判断对这些主题进行了解释和标记。具体来说,研究人员使用了 16 个主题来表示电子政务的经济维度。这些主题包括电子商务、数字化转型、信息化建设、数据共享、政务服务、智慧城市、电子政务平台、政府采购、政府信息公开、政府监管、政府投资、政府数据开放、政府信息化、政府网站建设、政府信息安全、政府信息资源共享。研究人员通过计算每个主题出现的概率,可以得到每个省份对每个主题的关注度。例如,如果一个省份在电子商务主题上的出现概率很高,那么可以认为这个省份对电子商务议题的关注度很高。

研究发现,不同省份在电子政务的经济维度上的主题关注度存在显著差异。例如,广东省在电子商务、数字化转型和信息化建设等主题上的关注度较高,而安徽省在这些主题上的关注度较低。这些结果表明,不同省份在电子政务的经济维度上存在着不同的关注点和发展方向。此外,研究人员还发现,不同省份在不同主题上的关注度存在着时间上的差异。例如,广东省在政府信息公开主题上的关注度在 2011 年达到了峰值,但在之后的几年中逐渐下降。这些结果表明,电子政务的经济维度在不同省份和不同时间段中存在着不同的关注点和发展趋势,需要针对性地进行政策制定和实施。

由此,研究人员得出了若干重要结论以阐释政策注意力与公共部门创新成果采用之间的关系。这些结论可以通过主题概率在时空分布的描述获得,也可以通过将主题作为解释变量,使用回归分析获得。研究人员控制了一些其他可能影响电子政务发展的因素,如政府投入、市场需求、技术水平、政策环境等。通过回归分析,研究人员发现不同主题对电子政务发展的影响存在显著差异。例如,在电子政务的经济维度上,与市场需求、政策环境等相关的主题对电子政务发展有着显著的正向影响;而与政府投入、技术水平等相关的主题对电子政务发展的影响则不显著或者呈现负向影响。

综上所述,可以得出以下结论。首先,中国各个省份在电子政务的经济维度上的主题关注度存在显著差异。不同省份在电子政务的经济维度上存在着不同的关注点和发展方向。其次,不同省份在不同主题上的关注度存在着时间上的差异。电子政务的经济维度在不同省份和不同时间段中存在着不同的关注点和发展趋势,需要针对性地进行政策制定和实施。最后,电子政务的发展受到多种因素的影响,包括政府投入、市场需求、技术水平、政策环境等。其中,政府投入是电子政务发展的重要推动力量。

4.3.5 政策注意力分配机制描述：衍生指标的描述性分析

政策注意力描述包括对主题概率的时间和空间描述，还可以用其加工衍生指标，进行更加复杂的描述。政策注意力的分配是指政府对特定政策议题的关注度和资源投入情况。政策注意力的分配对于政策制定和实施具有重要意义。政策注意力分配决定了政策议程的形成和政策优先级。政策注意力的分配还可以反映政府对不同政策领域的态度和政策目标的重要性。因此，了解政策注意力的分配可以帮助研究者和决策者更好地理解政策制定和实施的过程，并为政策改进提供参考。Meng 和 Fan（2022）以电子政务为例，对政策注意力的分配机制进行了探讨，分析了中国电子政务议程中的注意力分配动态。他们对中国政府官方报纸《人民日报》的新闻报道进行了文本挖掘，使用 LDA 主题模型，测量了政府在电子政务议程中的注意力分配程度，还测试了关于注意力变化和多样性的几个假设，并探讨分析了实证结果和政策含义。

研究人员收集了 2001 年第一季度至 2018 年第四季度的《人民日报》，并通过检索和人工选取，共挑选出 3070 篇与电子政务相关的新闻报道，以此作为研究的素材。本节使用了 LDA 主题模型来估计《人民日报》上关于电子政务的文章中隐藏的主题，并计算了每个主题出现的概率，以反映每个主题在文章中的关注度。表 4.3 显示了出现概率较大的 10 个主题，以及每个主题中包含的关键词，并使用关键词归纳了政策主题。

表 4.3 中国电子政务主题和关键词

主题	关键词
数字治理	数据，城市，平台，智慧，电子政务
信息化	文化，互联网，网络，信息化，农村
市场监管	市场，经济，监管，环境，创新
政府披露	公开，政务公开，信息公开，制度，权力
党与反腐败	干部，制度，监督，教育，活动
社区治理	社区，居民，市民，街道，基层
宏观经济	创新，经济，产业，投资，亿元
媒体出版	网站，网络，媒体，发布，平台
行政许可	审批，事项，办理，办事，行政审批
法治	制度，法治，人民，执法，法律

研究人员给出了主题的描述性统计表，其中列出了本节 10 个主题的平均值、标准差、最大值和最小值（表 4.4）。这些主题包括数字治理、信息化、市场监管、

政府披露、党与反腐败、社区治理、宏观经济、媒体出版、行政许可和法治。平均值反映了该主题在《人民日报》上的关注度，标准差反映了该主题在不同时间段内的变化程度，最大值和最小值则反映了该主题在研究时间段内的最高和最低关注度。这些统计数据可以帮助读者了解不同主题在研究时间段内的关注度和变化情况，从而更好地理解政府在不同领域内的政策取向和重点关注领域。

表 4.4 电子政务相关主题描述性统计

主题	平均值	标准差	最大值	最小值
数字治理	0.096	0.057	0.289	0.019
信息化	0.107	0.071	0.303	0.025
市场监管	0.049	0.046	0.211	0.000
政府披露	0.109	0.068	0.284	0.019
党与反腐败	0.095	0.041	0.192	0.001
社区治理	0.094	0.044	0.206	0.018
宏观经济	0.098	0.052	0.340	0.010
媒体出版	0.160	0.078	0.347	0.052
行政许可	0.109	0.088	0.333	0.001
法治	0.084	0.048	0.236	0.000

而后研究人员计算了各个主题概率在季度时间序列上的同比变化和环比变化，以及当月主题的多样性。

图 4.5 描述了从 2001 年第一季度至 2018 年第四季度中国国家电子政务主题的香农多样性指数，以及三个核心维度（媒体出版、行政许可和政府披露）的注意力变化情况。在大部分时期内，主题的香农多样性指数与注意力在三个核心维度的占比走向相反。换句话说，在主题多样性较高的年份，《人民日报》对上述三个核心维度的关注度相对较低，反之则相反。进一步的研究表明，在电子政务官方媒体议程中，核心维度可能会排挤其他维度。只有在核心维度不太突出时，其他维度才能在电子政务议程上获得相对空间。

在图 4.6 中，我们进一步使用二次回归拟合主题多样性随时间变化的情况。根据趋势线，在 2013 年之前，主题的香农多样性指数一直在上升下降中反复，总体上呈现波动上升下降的趋势。主题的香农多样性指数增加的原因可能是随着参与电子政务相关部门的增加，政策议程中添加了新的电子政务维度，这导致中国国家电子政务主题的多样性和复杂性继续增加。近年来主题的香农多样性指数降低，一个可能的原因是紧急问题在某一时期吸引了大量的政治关注，从而使政府议程集中在特定的时间内（Alexandrova et al., 2012; Bevan et al., 2019）。2013

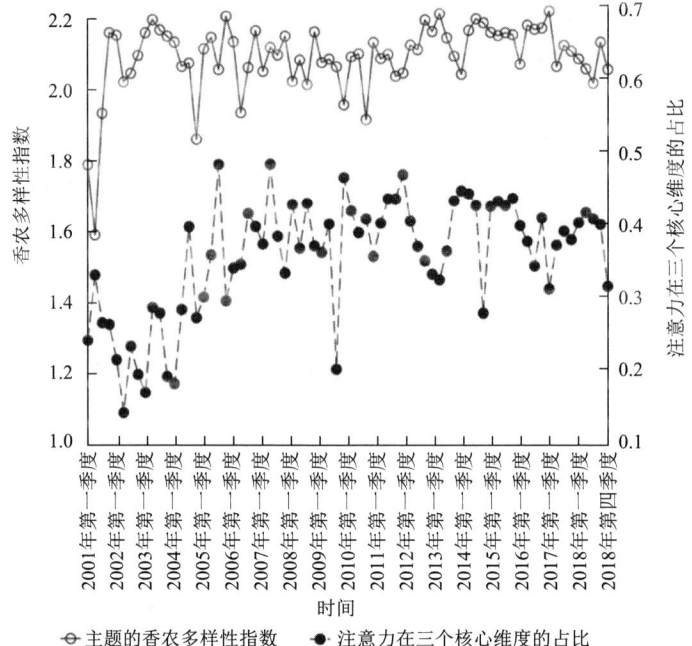

图 4.5　主题的香农多样性指数和注意力在三个核心维度的占比历时变化图

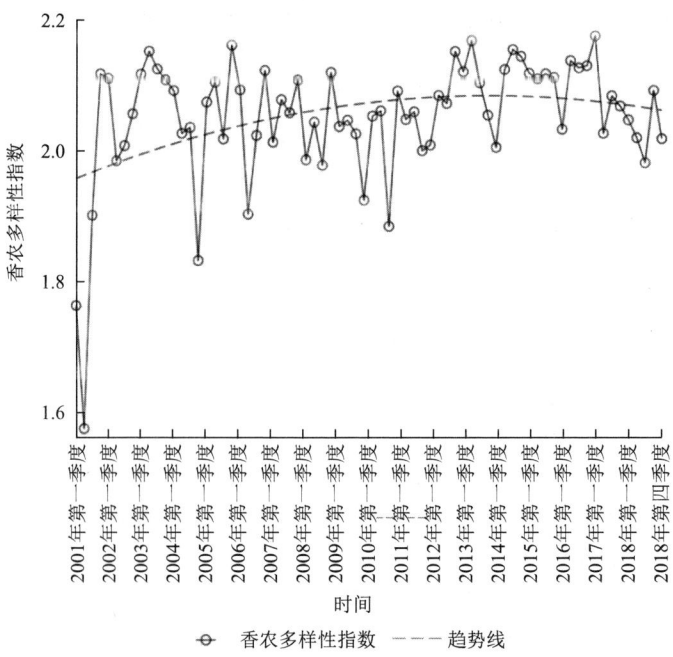

图 4.6　主题多样性历时变化趋势

年之后,由于持续的全球经济危机和中美贸易摩擦等,中国传统的出口经济引擎遭受了严重的损害,国家经济压力使得中国政府将注意力集中在改善商业环境,以重启市场经济并吸引投资上。考虑到电子政务在提升面向商业活动的政府服务(如行政许可、企业税收、企业设立)的效率和透明度方面具有巨大潜力,政府在此期间非常强调电子政务的经济维度。

4.4 本章小结

4.1 节介绍了主题建模技术及其在本书的研究中的适用性。在政策注意力描述中,主题建模技术的应用代表了从人工编码到自动编码的重要演进。传统的人工编码方式需要研究者根据编码手册的指引,对文本进行编码,这一过程费时费力,容易受到主观偏见的影响。然而,在现代社会面对大规模文本数据的情况下,自动文本分析技术,尤其是主题建模技术,提供了一种更高效、更客观的了解政府的注意力需求的方式。主题建模技术的无监督机器学习方法,如 LDA,允许计算机自动抽取文本中的主题信息,而不需要事先的人工编码样本。这使得政府可以更快速地分析大量文本数据,揭示文本中的潜在结构和内在关联。这种方法有助于政府更好地理解政府网站上的政策关注点、注意力分配,以及政府文本内容的演变趋势。它不仅提高了效率,还减少了主观判断的影响,为政府提供了更客观的数据支持。在社会科学研究中,主题建模技术被广泛用于文本分类任务,尤其是在处理大规模文本数据时。这一方法在政府网站数据和政策注意力的研究中扮演着关键角色,可以帮助研究者测量政策议题、媒体框架、议题注意力等变量。它不仅提供了有效的文本分类工具,还能够捕捉文本的复杂语义关系,超越了传统的基于关键词的方法。LDA 主题模型是其中一个广泛使用的模型,研究者也在不断改进和拓展主题建模技术,以适应不同的研究需求。这些改进包括模型内部的改进和流程改进,以提高文本分类的准确性和颗粒度。总之,主题建模技术在政策注意力的研究和描述中,为政府提供了更深入、更客观的理解方式,有助于政府更好地满足社会需求和改进政策制定过程。

4.2 节介绍了政策注意力的概念,以及议题设置视角下的政策注意力。政府的政策注意力在研究中扮演着关键角色,特别是从政府网站体现出的政策注意力的视角来看。政府网站作为政府与公众互动的重要平台,不仅是政府政策和信息的主要传达渠道,还是政府行为的数字化镜像。通过深入分析政府网站的内容,可以揭示政府在不同时期的政策关注点、政治议程和信息传达策略的演化过程。这有助于理解政府的政策制定逻辑,评估政府对不同议题的重视程度以及政策执行的效果。政策注意力的识别使我们能够了解政府对各种社会、经济和环境问题的反应,以及政府如何在不断变化的政治环境中调整其政策优先级。

从政府的议题设置的角度来看，政府必须决定哪些议题可以进入议程，这取决于政府在不同政策议题之间如何分配注意力。在多任务-多委托的制度环境下，政府必须应对来自各个政策领域的诸多议题，同时还要应对委托方的压力，这导致了各议题之间对政策注意力的竞争。这种注意力分配的竞争呈现出零和博弈的特点。

关于议题注意力的文献主要从三个维度展开实证研究。首先是注意力的分配比例，即各政策议题在政府议程中所获得的注意力占比，它揭示了议题在政府议程和政策制定中的地位。其次是注意力的多样性，即政府在时间和空间上对不同议题分配注意力的程度，它影响政府感知和反映不同议题。最后是注意力的稳定性，即政府在某一议题上分配的注意力在时间维度的变化程度，也反映了政府在处理不同议题时的变化性。

根据观察，可以得出结论，议题注意力的稳定性较高时，政府在该议题上的注意力分配比例相对也比较稳定。相反，当政府对某一议题的注意力的分配比例变化较大时，其注意力的稳定性较低。间断-均衡理论解释了政策注意力为何在长周期内保持稳定状态和短期内的剧烈变化，这一理论的基础为有限理性和制度摩擦，有限理性使政府难以迅速响应问题信号，而制度摩擦增加了政府转变议题注意力的成本，从而增强了政策注意力在议题间分配上的稳定性。政府对问题信号的迟缓响应会逐渐积累社会问题，导致政府最终进行过度反应的政策调整。不同的注意力分配模式将影响后续组织行为。在企业管理领域，企业高管的注意力分配模式影响了企业战略选择和创新。政治学和公共管理领域的研究则探讨了政策注意力对政策产出的影响效应，包括机构改革等。议题注意力的分配不仅在个体决策层面具有影响力，也在组织层面塑造了行为。这些研究丰富了关于政府和组织的注意力分配的理论和实证分析。

4.3节中，我们深入研究了主题模型政策注意力的识别和描述，以及主题建模技术在这一领域的应用。该节介绍了使用主题模型来识别和描述政策注意力的方法和过程，随后，详细描述了如何将主题模型应用于政府网站文本，以分析政策注意力的分配。该节提供了两个关键的分析方法，一个是政策注意力时空描述性分析和回归分析，另一个是关于政策注意力分配机制的分析，这些方法有助于深入研究政策注意力的时空变化和机制。该节构建了一个完整的方法论框架，并使用主题模型来识别、描述和分析政策注意力，帮助读者全面了解如何应用主题建模技术来进行政策注意力的研究。

本章为后续各章提供了关键的方法和理论基础，有助于深入探讨政府网站内容数据的复杂性。首先，通过介绍主题建模技术，本章为研究者提供了一个强有力的文本分析工具，使他们能够更有效地理解政府政策信息的内容和内在关联。

其次，通过详细阐述政策注意力的识别和描述方法，本章为后续章节奠定了基础，使研究者能够深入研究政府对不同议题的关注程度和注意力分配情况。再次，政治议程设置和政策注意力分配的概念为后续章节提供了理论指导，帮助研究者更好地理解政府如何确定议程和政策关注点。最后，时空分析和机制分析为后续章节提供了深入研究政策注意力时空变化和分配机制的工具，有助于深入理解政府政策信息的演化和政府决策的模式。

第 5 章 类型性测度构建：基于机器学习的组织声誉理解

基于文本大数据，对文本进行分类，并进一步进行回归分析，是计算社会科学中"文本作为数据"的一个重要应用。当然，这需要将其置于合适的研究情境和理论框架之下。本章聚焦于公共部门的组织声誉建构，利用地方政府在政府网站中发布的政府信息公开文本数据，采用有监督机器学习方法，对文本大数据进行分类。按照组织声誉理论，公共部门的组织声誉主要包括绩效性声誉、道德性声誉、程序性声誉和技术性声誉四个维度，是一个比较典型的类型性变量。此外，政府信息公开内容作为政府主动对外发布的信息，反映了政府在日常运行中决策、执行、管理、服务和结果等相关情况，这些信息会影响公众对政府的感知和评价，进而影响地方政府的声誉。因此，利用政府信息公开文本数据，采用机器学习方法，对信息公开文本进行分类，从而对地方政府声誉建构中纬度分布的类型进行测量，具有很好的适应性和契合度。本章主要围绕该构思展开，首先介绍公共部门的组织声誉研究场景和理论基础，其次重点介绍类型变量的测量方法、数据来源和测量过程，最后对实证结果和稳健性检验进行分析讨论。

5.1 研究场景与理论基础

近年来，组织声誉理论作为观察和理解组织行为的新视角，是公共管理领域的前沿研究热点。声誉是一个多维概念，在经济学、社会学、管理学等领域中有着不同的定义（Fombrun et al., 2000），在公共管理领域，组织声誉主要指"多元受众对公共机构的能力、角色及义务所秉持的看法和评价"（Carpenter, 2010）。良好的声誉能够帮助政府与公众更好地互动，提升应对外部危机的能力，构建一个抵御外部攻击的"保护盾"（Hood, 2011），还能够改善公众对政府的印象，化解民众抗议、游行等危机（Schanin, 2014）。同时，良好的声誉与组织合法性密切相关（Rimkutė, 2018），可以帮助组织获得一定的自由裁量权和自主权（Rourke, 1984）。

根据 Carpenter 和 Krause（2012）的组织声誉理论，公共部门的组织声誉主要分为绩效性声誉、道德性声誉、程序性声誉和技术性声誉（表 5.1）。其中，绩效性声誉代表着一个组织通过有效行动实现其核心目标和价值使命的能力，高绩效性声誉表明受众认为该组织能够胜任其主要工作，向公众提供高质量的公共服务和产品，与同类组织相比展现出了独特的能力和价值。道德性声誉反映了组织能否在其工作中遵守社会道德规范，要求组织能够保护受众的利益不受侵害，是组织获得信任的重要来源。程序性声誉指机构在行政和决策中是否遵循适当的程序、标准和法律要求，政策出台、利益冲突的解决都要遵循科学的标准程序。技术性声誉反映了一个组织在事务处理过程中展现的能力和知识，强调其科学能力、方法能力和分析能力。

表 5.1 公共组织声誉维度框架

维度	内容描述	受众关注点
绩效性声誉	机构是否有能力或高效率地完成工作、实现组织目标、承担责任	工作完成情况、工作效率、工作质量
道德性声誉	机构行为是否符合社会道德规范、能否有效保护受众的利益	同情心、诚实、体恤、仁慈、透明度
程序性声誉	行政机关的决策/决定是否遵循组织规则和规范	程序性、合法合规、规范、符合标准
技术性声誉	机构是否具备应对复杂困难问题的独特能力、知识和技能	科学技术、分析能力、制定标准、先进方法

理想情况下，声誉建构的最高追求要求一个组织在四种维度声誉方面都能够表现出色，从而同时响应多个受众的期望（Maor，2011）。然而，由于组织的能力和资源有限，组织决策者是有限理性的（孟庆国和陈思丞，2016），一个组织往往很难同时展现不同的声誉维度，专注一个声誉维度可能会分散对另一个维度的注意力（Busuioc and Rimkutė，2020）。公共组织必须识别、处理并优先考虑不同受众的多重期望，并选择一定的声誉建构策略来应对特定的受众（Boon et al.，2021）。Maor（2016）将公共部门选择一个声誉维度的过程称为优先化，在这个过程中，声誉建构的不同参与者会同时采取行为，对这一维度的声誉产生影响。对于组织成员而言，他们不得不考虑组织声誉的各个方面，尽力维护组织的良好声誉（Kolltveit et al.，2019）。

然而，既有研究对政府组织声誉建构策略的研究多依赖定性研究，缺少定量分析的支撑，且多倾向于分析外部风险对声誉建构策略的影响，对组织内部因素如何影响主观声誉建构的探究则相对匮乏（Busuioc and Lodge，2016）。因此，本书的研究聚焦于中国地方政府的组织声誉建构，重点探讨不同地区之间的声誉建构策略差异、组织声誉是否及如何受到官员任期和组织资源等因素的影响。

变量设计方面，将省级政府的组织声誉建构作为因变量，具体指政府信息公开内容中反映绩效性声誉、道德性声誉、程序性声誉和技术性声誉相关内容的占比；将官员任期和财政资源作为核心自变量，检验其影响效应；此外，将地区人口规模、官员性别、官员民族、官员年龄和教育水平等因素作为控制变量。

5.2 测量方法与数据来源

5.2.1 既有方法与本书创新

在既有文献中,对组织声誉的测量主要有以下三种方法:一是问卷调研法,即以向相关受众发放问卷的方式对组织声誉进行评价(Lee and van Ryzin, 2019; Overman et al., 2020);二是作者打分法,即研究者基于部门网站等渠道对声誉符号的利用情况,对组织声誉进行打分(Christensen and Gornitzka, 2017; Christensen et al., 2020);三是文本分析法,即通过公共部门公开发布的年度报告、规划计划、公开声明等文本信息进行分析,挖掘公共部门的关注重点,量化组织声誉建构(Johnson et al., 2019; Müller and Braun, 2021)。其中,前两种方法主要从"受众感知"的角度出发,主观性较强,且问卷调查的样本量往往比较有限。第三种方法则从"主观建构"的角度出发,具有较强的客观性,因为这些文本是公共部门主动对外发布的,是公共部门对外传递其使命、任务、目标的媒介,也是各部门构建其声誉的直接反映,公开文本涵盖不同的受众群体,并且这些信息在客观上影响了公众对政府的感知和评价。

在既有文献中的文本分析法中,普遍存在文本量较小的问题(最高的文本数据量不足两万条)。本书则进行了大幅改进和提升,使用大数据方法,对省级政府组织声誉建构进行测量,在文本数据规模上具有较大突破,从而提高了声誉建构测量的准确性和稳健性。首先,在清华大学计算社会科学与国家治理实验室的支持下,本书抓取了2015~2019年我国31个省级政府门户网站上发布的公告、动态、通知等政府信息公开内容,原始数据量为2143万条。其次,将网页中的信息进行结构化处理,并将每个网页中的有效信息(文章标题、文章内容和文章发布时间)存储为一条数据,经过清洗后有效数据约2000万条。最后,通过有监督机器学习方法,利用多种算法建立分类模型,实现对2000万条文本数据的处理和声誉建构的测量,并与其他变量结合进行进一步实证分析。

5.2.2 数据来源及其合理性

研究组织声誉的文本主要包括政府发布的各类公告公示、规划计划、新闻、动态进展、年度报告等(Moschella and Pinto, 2019; Müller and Braun, 2021)。从既有文献来看,获取这些文本的主要渠道就是公共部门的网站(Busuioc and Rimkutė, 2020; Rimkutė, 2020),公共部门的网站正在成为一个关键的数据来源(Capelos et al., 2016)。由于其天生的互联网属性,政府网站与传统的政府公报、报纸、电视、广播等公开渠道相比，具有显著优势，公共部门的网站已经成为公共组织塑造自己形象的主要舞台，很多基层政府也积极利用政府网站来塑造其形象（Pan，2019）。从我国来看，随着《政府信息公开条例》以及一系列相关政策文件的颁布和实施，政府网站承担着政府信息公开的平台作用，已成为政府信息公开的第一平台。结合既有文献的普遍做法，基于政府网站中的信息公开文本对组织声誉建构进行测量，是合理且可行的。

首先，在互联网时代，政府网站已成为政府信息公开的第一平台。自 20 世纪末国家启动"政府上网工程"以来，各级政府及部门纷纷在互联网上建立政府网站，发布政府信息，传递政府声音。在国家全面推进政务公开的部署下，特别是随着《政府信息公开条例》的实施，政府网站作为信息公开的重要载体，日益发挥着重要的作用（孟庆国和李晓方，2017），是网络时代政府履行职责的新平台（王仲伟，2014）。

其次，政府网站信息量大，一定程度上反映了政府的日常工作。在国务院办公厅等的大力推动下，近年来我国各地各部门政府网站快速发展，信息内容日益丰富，公开范围日益全面，公开内容日益深入，不仅包括简单的新闻动态信息，还涵盖决策、执行、管理、服务和结果信息。以 2019 年为例，根据各级政府网站发布的《政府网站工作年度报表》，2019 年省级政府通过门户网站主动公开的信息平均超过 7 万条，市级平均发布信息超过 2.5 万条。从国家对政府信息公开的要求来看，国家只对大的类目提出了要求（如通知公告、工作动态、财政信息、食品药品监管信息），但在具体信息发布方面，各地政府可以在各类目下选择"发布什么、不发布什么"，这种自由选择正是各地政府建构组织声誉的一种策略。

此外，政府网站运行于互联网上，时刻被浏览和传播，访问量大。政府网站由于其天然的互联网属性，7×24 运行在互联网上，具有很强的公开性、透明性和无障碍性，一旦政府信息发布在政府网站上，所有网民均可浏览和监督，并可进行转发和扩散。这就要求政府在发布信息前，要层层把关、多级复核，确保信息政治正确、符合实际、内容准确、形式合理。近年来，随着政府网站内容的不断丰富，政府网站访问量也逐渐提升。访问量大，表明该网站的受众群体和传播范围广，这也验证了通过政府网站文本来衡量声誉的合理性。

因此，本书从政府门户网站获取各类公告公示、规划计划、新闻、动态进展、年度报告等文本数据，并基于此对声誉建构进行测量，具有较强的合理性。

5.3 基于机器学习的测量过程

5.3.1 基于随机数据的人工编码

对数据进行人工编码是机器学习中最重要的阶段之一，所有有监督机器学习算法最终都依赖于人工编码的质量（Anastasopoulos and Whitford，2019）。本书从数据库中随机抽取 5000 条数据进行人工编码，为了提高编码准确性和一致性，本书根据已有文献（Busuioc and Rimkutė，2020），结合中文语境，确定了各维度的核心关键词表（表 5.2），并将其作为人工编码的基准和参考。例如，"增长""提高""突破"等关键词描述了政府工作的业绩，代表政府的绩效性声誉；"救助""慈善""捐赠"等关键词描述了政府仁慈、关爱、服务群众的形象，代表道德性声誉；"批复""协议""规则"等关键词反映了政府工作的程序性，代表程序性声誉；"专利""专家""技术"等关键词表现了专业技术能力，代表技术性声誉。需要特别说明的是，由于中文语言的丰富性和灵活性，一条数据可能同时包含多个维度的特征关键词，可能同时属于多个声誉维度，那么按照机器学习分类的一般性原则，选择其概率最高的一类且只属于这一类。

表 5.2　人工编码关键词表

声誉维度	具有显著语义的关键词
绩效性声誉	增长、增多、增加、提高、稳定、上升、优化、稳步、第一、快速、突破、破获、向好、取得、获得、好成绩、成效、丰硕、成果、效益、亮点、捣毁、成功、优秀、成就、成立、结果、达到、高效、目标、产出、绩效等
道德性声誉	老人、儿童、扶贫、老年人、老同志、军人、退伍、幼儿、妇女、救灾、救助、困难、补偿、扶持、资助、帮扶、表彰、农业、农民、工人、群众、真情、朴实、慈善、百姓、便民、支持、保护、小微、减免、减轻、退税、最美、支援、志愿、捐赠、温馨、模范、价值、不忘初心、牢记使命、党建、党支部、主题教育等
程序性声誉	公示、公告、征集、征求、法律、法规、规范、办法、磋商、谈判、采购、成交、废标、中标、更正、出台、批复、答复、申报、召回、预算、招标、协议、规则、声明、程序、规定等
技术性声誉	技能、知识、统计、指数、数据、专利、调研、调查、简析、简况、理论、指南、方案、报告、座谈、研讨、初探、发表、科技、经验、如何、做法、典型、揭示、演化、术语、测试、分析、评估、计算、证据、专家、方法、模型、专业、研究、技术等

例如，贵州省政府网站于 2018 年 9 月 3 日发布了头条文章《贵州规模以上工业企业前 7 月利润增长 43.1%》，通过分析该文章标题及内容，我们认为该文章具有较为明显的成绩和绩效属性，因此将其标记为绩效性声誉。

例如，湖南省政府网站于 2017 年 1 月 26 日发布文章《许达哲在怀化看望慰问困难群众》，被标记为"道德性声誉"。同理海南省政府网站于 2019 年 4 月 8 日发布《关于〈海口江东新区起步区控制性详细规划及城市设计〉公示启事》，对海口市江东新区相关规划进行公示，被标记为程序性声誉。江苏省政府网站于 2019 年 11 月 12 日发布文章《关于常州市制造业企业发展情况的调查报告》，被标记为技术性声誉。

为确保人工编码的质量和结果的准确性，作者进行了逐条编码，并聘请了三名研究助理分别对样本数据进行编码。编码工作由五人独立开展,在编码工作完成之前,五人沟通讨论编码规则并逐渐达成共识,但各自的编码过程和编码结果相互独立。编码工作完成后,对五套编码方案进行了汇总和比对。其中,三人及以上分类一致的数据占比达 91.39%。对于分类不一致的数据,五人一起进行逐条核对和讨论,并达成共识,最终达到 100%。

5.3.2 模型训练、优化和规模应用

在有监督机器学习中,常见的分类算法有随机森林、朴素贝叶斯、决策树及支持向量机等。本书利用上述四种算法,分别进行训练、测试和模型构建,然后对各模型的性能进行比较,最后选择模型性能相对较优的随机森林算法来构建分类器①,然后利用性能次优的支持向量机算法进行稳健性检验。这两种算法都被认为是效率高、解释力强的主流算法,在分类任务上能够取得非常好的效果。

对机器学习中模型性能的度量,一般用正确率(accuracy)、精确率(precision)、召回率(recall)和 F1 值四个指标(Anastasopoulos and Whitford,2019)。其中,正确率指算法判定正确的样本数与所有样本数的比值,即检验算法判定结果与人工编码结果相符的情况;精确率指将正样本正确判定为正的样本数与判定为正样本的总数的比值;召回率指算法正确判定的正样本数与所有人工编码为正样本的总数的比值;F1 值则是精确率与召回率的调和均值。经过测试,本书所用算法的性能指标良好,在四个维度的分类中,F1 值均超过 0.7,总体正确率达到了 0.7613(表 5.3 和表 5.4),表明算法性能较好。

表 5.3 基于随机森林算法的分类模型混淆矩阵

实际分类	预测分类			
	绩效性声誉	道德性声誉	程序性声誉	技术性声誉
绩效性声誉	355	35	28	36
道德性声誉	23	278	23	15
程序性声誉	21	32	278	21
技术性声誉	53	46	25	231

---

① 本书的研究分别利用上述四种算法进行模型建构、训练和测试。实证结果发现随机森林算法模型的性能最优,支持向量机算法次之,朴素贝叶斯和决策树算法相对较差。因此,本书选择随机森林算法进行分类,然后利用支持向量机算法进行稳健性检验。运用朴素贝叶斯和决策树算法进行稳健性检验,得到了与主回归一致的结论。

表 5.4 基于随机森林算法的分类模型性能

参数	绩效性声誉	道德性声誉	程序性声誉	技术性声誉
精确率	0.7854	0.7110	0.7853	0.7624
召回率	0.7819	0.8201	0.7898	0.6507
F1 值	0.7837	0.7616	0.7875	0.7021
正确率	0.7613			

最后,利用该分类模型,对 2000 万条数据中的其他数据进行自动分类,并基于分类结果,计算得出 31 个省份每年每月各个声誉维度的占比,形成各省政府组织声誉建构的数据库。

5.4 实证结果与稳健性检验

本书基于 2015 年 1 月至 2019 年 12 月 31 个省的月度数据,共包含 5 年、60 个月的 1860 个观测值,以各省各月四个维度的声誉占比为因变量,选取面板回归模型对研究假设进行检验。

5.4.1 描述性分析

表 5.5 为本章自变量的均值、标准差和极值等基本情况。可以看到,2015~2019 年我国省级政府在官员任期、财政资源以及各控制变量上差异较大,说明存在较大的解释空间。

表 5.5 自变量基本情况

变量	观测值	均值	标准差	最小值	最大值
绩效性声誉	1860	30.261	8.422	2.349	73.033
道德性声誉	1860	30.191	9.711	3.789	70.419
程序性声誉	1860	22.956	12.483	3.026	78.057
技术性声誉	1860	16.591	5.134	3.233	47.556
任期时长	1860	24.840	19.860	0	105.000
离任时长	1860	22.670	16.760	0	80.000
财政资源	1860	−0.530	0.190	−0.902	−0.074
人口规模(取对数)	1860	3.535	0.363	2.511	4.061
官员性别(男为1,女为0)	1860	0.929	0.257	0	1.000
官员民族(汉族为1,其他为0)	1860	0.845	0.362	0	1.000
官员年龄	1860	58.631	3.603	48.500	66.917
年龄平方	1860	3450.593	424.076	2352.250	4477.840
教育水平	1860	2.290	0.632	0	3.000

5.4.2 面板回归分析

为进一步探析省级政府四类组织声誉建构的影响因素,本章基于 2015 年 1 月至 2019 年 12 月的月度数据,对四类组织声誉分别进行面板回归分析。经过 Hausman(豪斯曼)检验后,本章选择了双向固定效应模型(固定个体、固定时间)。表 5.6 显示了回归结果,其中模型 5.1 至模型 5.4 分别以绩效性声誉、道德性声誉、程序性声誉、技术性声誉为因变量,均控制了个体和时间因素。

表 5.6 面板回归分析结果

变量	模型 5.1 (绩效性声誉)	模型 5.2 (道德性声誉)	模型 5.3 (程序性声誉)	模型 5.4 (技术性声誉)
任期时长	−0.022**	−0.072***	0.028**	0.066***
	(0.009)	(0.009)	(0.012)	(0.007)
财政资源	−43.470***	−41.350***	38.030***	46.790***
	(6.605)	(6.773)	(8.792)	(5.050)
人口规模	9.866	107.600***	−36.860	−80.660***
	(34.660)	(35.540)	(46.140)	(26.500)
官员性别	−7.861***	−6.687***	12.600***	1.949*
	(1.496)	(1.534)	(1.992)	(1.144)
官员民族	−5.509***	−0.277	3.612*	2.175**
	(1.445)	(1.482)	(1.924)	(1.105)
官员年龄	0.953	−4.045***	4.548**	−1.456
	(1.332)	(1.366)	(1.773)	(1.018)
年龄平方	−0.009	0.034***	−0.039***	0.014
	(0.012)	(0.012)	(0.015)	(0.009)
教育水平	−0.602	0.223	0.247	0.132
	(0.435)	(0.446)	(0.579)	(0.333)
时间因素	控制	控制	控制	控制
常数项	−43.300	−244.000*	28.480	358.800***
	(128.700)	(132.000)	(171.300)	(98.400)
观测值	1860	1860	1860	1860
省份数量	31	31	31	31
R^2	0.074	0.150	0.069	0.167
调整 R^2	0.049	0.127	0.044	0.144
F	7.600	16.770	7.055	19.040

注:括号内为标准误
***表示 $p<0.01$,**表示 $p<0.05$,*表示 $p<0.10$

模型 5.1 显示了绩效性声誉的回归结果。在控制人口规模、官员个人特征等变量后，官员任期时长对绩效性声誉产生了显著的负向影响（$\beta=-0.022$，$p<0.05$），并通过了 95%的显著性检验，表明上任时间短的官员，绩效性声誉占比相对较大。财政资源变量也对绩效性声誉产生了高度显著的负向影响（$\beta=-43.470$，$p<0.01$）。验证了上述关于绩效性声誉的假设。

模型 5.2 显示了道德性声誉的回归结果。结果显示，任期时长对道德性声誉产生了显著的负向影响（$\beta=-0.072$，$p<0.01$），财政资源也对省级政府道德性声誉产生了显著的负向影响（$\beta=-41.350$，$p<0.01$），表明财政资源少的省份，相对更注重道德性声誉建设。验证了上述关于道德性声誉的假设。

模型 5.3 显示了程序性声誉的回归结果。结果显示，任期时长对程序性声誉有显著的正向影响（$\beta=0.028$，$p<0.05$），表明官员在任时间长的，相对更重视建构程序性声誉。财政资源变量也对程序性声誉产生了显著的正向影响（$\beta=38.030$，$p<0.01$），表明随着财政资源的增加，省级政府程序性声誉的占比随之上升。验证了上述关于程序性声誉的假设。

模型 5.4 显示了技术性声誉的回归结果。结果显示，任期时长和财政资源变量都对技术性声誉有显著的正向效应（$\beta=0.066$，$p<0.01$；$\beta=46.790$，$p<0.01$）。表明随着官员任期时长的增加，技术性声誉占比越高，财政资源相对丰富的省份，政府更重视技术性声誉建设。验证了上述关于技术性声誉的假设。

5.4.3 稳健性检验

为验证面板回归结果的可靠性，增强结论的稳健性，本章的研究选取两种方式进行稳健性检验。

第一种方式是替换核心解释变量（以离任时长替换上任时长），重新估计回归结果。具体来说，在前文的设计中，以任期时长作为自变量，但有研究以官员的离任时间为终点，测量其距离离任的时长，即离任时间减观测时间的时长。梳理各省政府官员履历后发现，在涉及的 72 位省长中，有 70 位已有明确的离任时间（截至 2021 年 12 月底），还有 2 位省长在采集数据时尚未离任，尚无准确的离任时间，因此在稳健性检验中，以已有明确离任时间的样本进行回归（合计 1790 个观测值）。

回归结果（表 5.7）显示，离任时长、财政资源等对组织声誉建构的影响效应与前述结果一致（在模型 5.5～模型 5.8 中，离任时长通过了 95%和 99%的统计显著性检验，但符号与表 5.6 中相反，说明结论一致。因为离任时长大，意味着距离上任的时间短，即上任时长小，与前述任期时长变量是对应的）。

表 5.7 面板回归分析结果（稳健性检验 1）

变量	模型 5.5（绩效性声誉）	模型 5.6（道德性声誉）	模型 5.7（程序性声誉）	模型 5.8（技术性声誉）
离任时长	0.030**	0.082***	−0.049***	−0.063***
	(0.012)	(0.013)	(0.016)	(0.009)
财政资源	−42.670***	−50.480***	35.370***	57.790***
	(6.586)	(6.783)	(8.739)	(5.129)
人口规模	28.050	98.560***	−63.790	−62.820**
	(35.530)	(36.600)	(47.150)	(27.670)
官员性别	−8.105***	−7.226***	12.850***	2.478**
	(1.509)	(1.554)	(2.002)	(1.175)
官员民族	−6.179***	−1.139	4.810**	2.508**
	(1.466)	(1.510)	(1.945)	(1.141)
官员年龄	1.395	−3.679***	3.705**	−1.421
	(1.354)	(1.395)	(1.797)	(1.054)
年龄平方	−0.012	0.030**	−0.032**	0.014
	(0.012)	(0.012)	(0.016)	(0.009)
教育水平	−0.892**	0.201	0.940	−0.248
	(0.455)	(0.468)	(0.603)	(0.354)
时间因素	控制	控制	控制	控制
常数项	−120.900	−229.700*	148.100	302.500***
	(132.600)	(136.600)	(176.000)	(103.300)
观测值	1790	1790	1790	1790
省份数量	31	31	31	31
R^2	0.074	0.139	0.071	0.145
调整 R^2	0.048	0.114	0.045	0.121
F	7.291	14.740	6.974	15.490

注：括号内为标准误
***表示 $p<0.01$，**表示 $p<0.05$，*表示 $p<0.10$

第二种方式是替换因变量，选用不同的机器学习算法进行重新分类。在上文中，先是选用了常见的随机森林算法，对声誉建构进行了测量。为了进一步检验结果的稳健性，进而选用了性能次优的支持向量机算法，重新建立了分类模型，新模型也具有较好的性能（F1 值大于 0.7，总体准确性达到 0.75）。基于新的分类模型，重新测量了每个声誉维度的占比，并重新进行了面板回归，得到了一致的结果（表 5.8）。随后，进一步将上述两种检验结合起来，基于新的算法，纳入离任时长变量，也得到了一致的结论（表 5.9）。

表 5.8 面板回归分析结果（稳健性检验 2）

变量	模型 5.9（绩效性声誉）	模型 5.10（道德性声誉）	模型 5.11（程序性声誉）	模型 5.12（技术性声誉）
任期时长	−0.030***	−0.063***	0.039***	0.054***
	(0.010)	(0.010)	(0.013)	(0.009)
财政资源	−24.320***	−24.430***	25.940***	22.820***
	(7.083)	(7.442)	(9.405)	(6.588)
人口规模	−13.610	77.110**	5.465	−68.960**
	(37.170)	(39.050)	(49.360)	(34.570)
官员性别	−9.694***	−8.872***	13.620***	4.949***
	(1.605)	(1.686)	(2.131)	(1.493)
官员民族	−6.962***	−0.814	3.172	4.604***
	(1.550)	(1.628)	(2.058)	(1.441)
官员年龄	0.365	−1.618	7.787***	−6.534***
	(1.428)	(1.501)	(1.897)	(1.328)
年龄平方	−0.004	0.013	−0.066***	0.057***
	(0.012)	(0.013)	(0.016)	(0.011)
教育水平	−0.979**	0.002	−0.171	1.148***
	(0.467)	(0.490)	(0.620)	(0.434)
时间因素	控制	控制	控制	控制
常数项	70.000	−192.600	−223.600	446.200***
	(138.000)	(145.000)	(183.300)	(128.400)
观测值	1860	1860	1860	1860
省份数量	31	31	31	31
R^2	0.060	0.098	0.063	0.074
调整 R^2	0.034	0.073	0.037	0.049
F	6.056	10.300	6.373	7.579

注：括号内为标准误
***表示 $p<0.01$，**表示 $p<0.05$

表 5.9　面板回归分析结果（稳健性检验 3）

变量	模型 5.13（绩效性声誉）	模型 5.14（道德性声誉）	模型 5.15（程序性声誉）	模型 5.16（技术性声誉）
离任时长	0.036***	0.084***	−0.045***	−0.075***
	(0.012)	(0.013)	(0.016)	(0.011)
财政资源	−28.210***	−32.500***	31.120***	29.590***
	(6.925)	(7.265)	(9.198)	(6.423)
人口规模	−13.360	79.000**	5.703	−71.340**
	(37.180)	(39.000)	(49.390)	(34.480)
官员性别	−9.876***	−9.130***	13.910***	5.095***
	(1.597)	(1.675)	(2.121)	(1.481)
官员民族	−7.394***	−1.802	3.710*	5.486***
	(1.555)	(1.631)	(2.065)	(1.442)
官员年龄	0.483	−1.358	7.635***	−6.760***
	(1.428)	(1.498)	(1.897)	(1.325)
年龄平方	−0.005	0.010	−0.065***	0.060***
	(0.012)	(0.013)	(0.016)	(0.011)
教育水平	−1.056**	−0.256	−0.109	1.422***
	(0.476)	(0.499)	(0.632)	(0.441)
时间因素	控制	控制	控制	控制
常数项	63.280	−211.800	−217.000	465.500***
	(138.200)	(144.900)	(183.500)	(128.100)
观测值	1860	1860	1860	1860
省份数量	31	31	31	31
R^2	0.060	0.100	0.062	0.079
调整 R^2	0.034	0.076	0.037	0.054
F	6.035	10.620	6.290	8.139

注：括号内为标准误

***表示 $p<0.01$，**表示 $p<0.05$，*表示 $p<0.10$

5.5　本章小结

本章围绕地方政府组织声誉建构，梳理地方政府通过政府网站发布的信息公开文本，采用有监督机器学习方法，对文本数据进行分类，以测量组织声誉四个维度的分布和占比情况，并作为因变量的测度进行回归分析。本书将组织声誉建构视角应用于中国公共部门的场景，扩大了组织声誉理论的应用范围，并且利用所有省份连续五年的面板数据，系统性分析了我国省级政府组织声誉建构的特征及影响因素，为声誉理论研究提供了实证支撑材料。

此外，本书在数据和方法上也有创新和贡献。以往有关政府组织声誉的研究，大多采用定性研究方法，分析政府组织声誉的性质及内容，部分文章利用问卷、构建指标体系的方法对政府组织声誉进行测量。本书创新性地利用省级政府网站的信息公开文本大数据，获取了 2015~2019 年全国 31 个省级政府网站上 2143 万条数据，整理出了 2000 万条有效数据，利用机器学习算法对网页进行自动编码，并且提供了关键词列表和操作方案。通过将大数据与机器学习相结合，本书突破了组织声誉建构难以测量的困境，科学有效地衡量出各省政府发布的信息中体现组织声誉不同维度的内容占比和分布情况。

第 6 章　解释性测度构建：注意力机理与政策扩散

随着网络信息技术的发展，政府信息公开、公共服务和政民互动日益依赖网络。以政府网站为代表的网络政府既是国家向基层传递政策信息的重要通道，又是基层政府了解民意并回应百姓的重要载体。在从中央到地方进一步推进政务公开和"互联网+政务服务"的背景下，本书聚焦以全国政府网站内容大数据为核心的网络政府数据，通过对政策信息学方法论框架下连接网络文本挖掘与公共管理知识发现的方法以及网络政府环境下政府治理开放、协同特征和数据治理新模式的理论进行探索积累，形成以网络政府数据评估政策扩散和回应关切的初步范式。在前述关于描述性研究、类型性测度构建的基础上，本章重点探索通过构建函数测量变量的方法，以实现对公共管理学科有价值知识的提炼。本章延续了政策信息学研究思路，在规律主题建模结果上对公共管理领域公共服务成本要素，以及政策扩散程度等重要指标进行了测度构建，为第 7 章开展因果推断研究奠定基础。

6.1　注意力机理

6.1.1　公共服务效能[①]

1. 公共服务效能及其评价维度

对公共服务效能的评价离不开对其评价维度的思考，而学术界关于公共服务效能评价维度的研究主要集中在内部管理、效能差异分析以及公众感知。

在服务质量评价相关研究中，学者格罗鲁斯、卢斯特和欧力威尔等三人的观点最具代表性。格罗鲁斯认为，服务质量并非单纯的产品质量，还包含服务方式、方法、态度以及结果。服务质量不仅包括结果质量，即技术层次的质量，也包括过程质量，即功能层次的质量（柴盈和韦福祥，2004）。利用格罗鲁斯的服务质量模型，可以将公共服务效能划分为过程效能和结果效能两方面。其中，过程效能可以理解为公众对政府部门提供公共服务过程的评价；而结果效能则可以理解为公共服务为公众提供的实际利益，即功能维度和技术维度两方面。Rust 和 Oliver（1994）则认为，服务质量除了包括结果质量和过程质量外，还应包括由环境因素

[①] 本节部分研究成果参考马宝君等（2018）的研究。

造成的影响，即服务质量包含服务产品、服务过程和服务环境三要素。尽管上述学者对于服务质量构成的理解有所差异，但其认知的共同点在于认可差异理论是服务质量评价的基础，服务质量评价是客户通过对比服务感知和服务期望而得出的主观感受。

在企业服务管理、服务质量差异的相关理论中，公共服务效能的评价主要是通过对比公众所感知到的服务质量与公众原有期望来确定的，即感知差异的大小与服务质量的优劣呈现出负相关趋势。这种对差距进行分析的方法可以帮助地方政府明确其提供的公共服务的结果与公众期望之间的差距，进而有针对性地采取相应措施来提高服务受众对象的满意度。有研究指出政府服务效能在期望、设计、执行以及承诺四个方面容易出现偏差（孙恒有，2004）。期望差距指政府未能充分了解公民对公共服务的期望之间的差距；设计差距指公共部门对公共服务的设计和规范与公共部门所了解的公民对公共服务期望之间的差距；执行差距指政府部门提供的公共服务与先前制定的服务规范之间的差距；承诺差距指政府机构对公民的承诺与所提供的公共服务真实质量之间的差距。

此外，有学者认为服务技术质量可以依据服务产品的可获得性以及客户需求满足程度等方面进行评估，而服务功能质量则可从服务可靠性、保证性、回应性、转移性以及有形性等方面进行评估。罗海成（2011）提出了 SERVQUAL 模型，并认为公共服务效能的评价结论主要来源于服务受众对服务过程的感知。美国学者 Christenson 和 Taylor（1982）通过问卷方式对北卡罗来纳州的图书馆、医院、学校等公共服务部门的绩效进行了与公众感知相关的调查，来研究人均支出与服务绩效、感知质量之间的关系。我国学者在引入西方理论的同时针对公共部门和企业之间的区别进行了理论创新，他们认为针对公共服务效能的评价适用于所有公共部门。

在综合梳理了关于公共服务效能与绩效评估的过往文献后，本书总结发现目前学术界对于公共服务效能的研究主要集中于三个角度，即公共服务过程中的非物质特性角度、内部管理的角度以及成本效益的角度。尽管这三个研究角度的目的都是提高公共服务的效能，但三个研究角度实际上是基于不同理论进行的分析。随着研究方法的不断创新，三个角度相关理论应用的界限也将逐渐消失。而公共服务与社会公众的日常生活联系紧密，无论是其复杂性还是其对于社会的重要性，仅关注过程质量或结果质量是不够的，必须结合多领域、多理论以及多方法进行全方位的理解，才有可能真正提升公共服务效能。

2. 基于 LDA 的公共服务效能测量

1）案例背景及数据描述

北京市朝阳区政民互动平台作为解决民生问题的重要途径，主要致力于提供

第 6 章 解释性测度构建：注意力机理与政策扩散

政务咨询服务、畅通民意诉求渠道、纠正行业不正之风、维护群众合法利益。本章的研究采用政民互动平台的来信数据，这些数据主要包括两方面内容：一是社会公众关于公共服务需求的来信数据，包含每封群众来信的标题、内容；二是朝阳区公共服务部门对于这些公共服务需求的处理反馈数据，包含平台反馈时间、反馈内容以及转办等信息。本章选取了 2005 年 3 季度到 2015 年 1 季度的数据，数据跨度近 10 年，群众来信近 30 万封，其时间（季度）分布如图 6.1 所示。

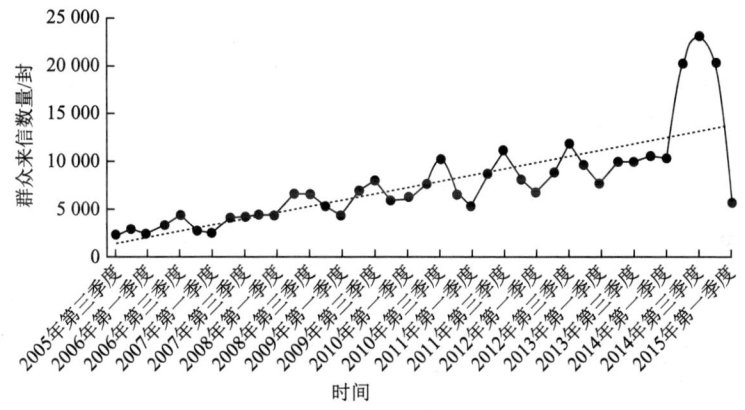

图 6.1 政民互动平台来信数据时间（季度）分布

在获取的全部数据的基础上，我们首先对数据进行了预处理，即对信件进行去重操作及过滤筛除；其次对其进行了分词、去除停用词等预处理操作，以便后续使用 LDA 模型对所有数据进行概率主题建模。在完成 LDA 概率主题建模后，由于一些来信的数据截取时间段和回复处理的截取时间段相同，故存在来信尚未被处理的情况。本章在分析 LDA 结果的后续过程中除去了尚未处理的部分信件，最后保留了 280 899 封来信的相关数据用以检验前文所提出的假设。本章选取的潜在主题数为 150，表 6.1 为前 10 个公众最关注的潜在主题的信息。

表 6.1 前 10 个公众最关注的潜在主题的信息

主题编号	累计主题概率	占比	主题描述
主题 53	3082.48	1.034%	市政环卫建议
主题 94	3027.68	1.016%	社区服务管理投诉
主题 60	2809.55	0.942%	公共部门服务投诉
主题 9	2717.03	0.911%	社会保障问题咨询
主题 128	2581.65	0.866%	房屋拆迁投诉
主题 121	2544.18	0.853%	市政基础设施保修
主题 1	2486.37	0.834%	小区物业建议

续表

主题编号	累计主题概率	占比	主题描述
主题 13	2452.28	0.823%	市政设施建议
主题 102	2445.26	0.820%	非法停车投诉
主题 31	2436.42	0.817%	噪声扰民投诉

在处理数据的过程中,作者使用了 ICTCLAS 中文分词工具包以及 Apache Lucene 项目 Smart Chinese Analyzer 类中的中文停用词列表对朝阳区政民互动平台的文本数据进行分词和去除停用词的预处理。另外,本章也使用了 Java 语言来实现对中文文本的处理与分析,并通过 SPSS、Excel 等软件进行了相应的回归模拟和多重共线性检验。

2)测度设计

本章考虑构建相应的理论概念测度,更有效地利用 LDA 分析结果,发现相应的客观规律,使其更好地被管理者所理解,进而对实际应用产生帮助。对于各变量概念的测量,鉴于数据主要来源于政府门户网站网络互动平台,基本是以文字与数字的形式加以记录的,因此作者对相关的网络信息文本加以观察并进行了特征的提取,希望以此来解决过往服务数据不宜量化的难题。

此处公共服务效能以可测量的时效性替代。时效性是信息服务所独有的特性,通常指信息对决策的价值在一定时间内随着时间的推移而逐渐降低的特性。公共服务效能的客观结果在很大程度上受到了时效性的制约,公共服务的时效性具体体现在公共部门为社会公众提供公共服务所需的时间长短上。公共服务提供所需要的时间越长,其最终发挥的效能也就越低;反之,如果社会公众提出公共服务需求时就能得到满足,那么显然此时的公共服务效能比较长时间后需求才得到满足的服务效能要高得多。由此可以看出,公共服务的时效性与公共服务需求得到满足的时间长短成反比,即公共服务提供所需的时间越长,说明该次公共服务的时效性越差。而对于信息服务而言,过往研究中存在用时长对数的负值来测量时效性的前例,因此本章将问题解决时间长度的对数值作为时效性的测度,问题解决时间长度的对数值 $\log(T)$ 越大,代表公共服务的时效性越弱。对于案例中第 i 个公共服务,其时效性(timeliness)的测度如式(6.1)所示。其中,T_i 为第 i 个问题的处理时长。

$$\text{timeliness}_i = \log(T_i) \tag{6.1}$$

对于公共服务提供过程中必要执行成本的测量,本章采用了文本挖掘技术,对所有提交的公共服务需求的文字内容进行了 LDA 模型分析,得出每个公共服务需求与各语义主题之间的相关概率。当某个公共服务需求涉及的主题内容单一,即 LDA 模型结果为该公共服务需求与某一主题或与少数主题的相关概率极高,与其他主题的相关概率偏低时，满足该公共服务需求的难度相对较低，所需的必要执行成本也较低。反之，当某个公共服务需求涉及的主题内容较多且分散，即 LDA 模型结果为该公共服务需求在各主题上的相关概率分布比较均匀时，满足该公共服务需求涉及的实质问题很多、难度较大，所需的必要执行成本较上述第一种情况的必要执行成本要高很多。综上，本章采用 LDA 模型结果中公共服务需求与各主题的相关概率的分布均匀程度作为判断公共服务必要执行成本高低的依据。由于在 LDA 模型结果中，公共服务需求与各主题的相关概率之和为 1，故公共服务需求与各主题的相关概率的标准差的负值可以表示该公共服务需求与各主题的相关概率的分布均匀程度。假设共有 n 个主题，第 i 个公共服务需求与第 j 个主题的相关概率为 p_{ij}，则第 i 个公共服务需求的必要执行成本（用 NC_i 表示）可以定义为式（6.2）。

$$NC_i = -\sqrt{\frac{1}{n}\sum_{j=1}^{n}\left(p_{ij} - \overline{p}_i\right)^2} \tag{6.2}$$

其中，$\overline{p}_i = \frac{1}{n}\sum_{j=1}^{n} p_{ij}$。

在社会关注成本的测量上，社会关注的问题，即热门话题，通常指社会公众反映较多的问题。由于热门问题在公共部门提供公共服务时通常都具有规模效应，所以会存在潜在成本降低的现象。相应地，非热门话题与之对应，且两类话题集合互补。对于社会关注成本，则通过案例中所记录的每项公共服务与非热门主题累计相关度占比之和来测量。累计相关度占比越小，则说明该项目所涉及的问题热门程度越高，社会关注成本越低。在计算时，需先确定热门主题，假设共有 M 个公共服务项目被记录在案例中，则第 j 个主题的累计相关度占比 P_j 的计算公式如式（6.3）所示。

$$P_j = \sum_{i=1}^{M} p_{ij} \tag{6.3}$$

对于所有的主题，假设集合 $\{P_j\}$ 的所有元素的平均值为 p_j，标准差为 σ，集合 $\{P_j\}$ 中值大于 $p_j + \sigma$ 的元素为热门主题，而其补集为非热门主题。设所有非热门主题组成集合 B，则每项公共服务的社会关注成本，即公共服务需求的非热门程度（用 UP_i 表示）通过式（6.4）来进行计算：

$$UP_i = \sum_{j \in B} p_{ij} \tag{6.4}$$

此外，本章对公共服务部门行政成本的测量也通过 LDA 模型进行相应的辅助计算。由于 LDA 的最终结果具有一定的向量特性，因此可以通过一定的计算先建立每个部门与各主题之间的相关度矩阵，将其归一化后该矩阵可以被视为该部门行政方向的基向量,再通过计算,可以得出各项公共服务需求在其提交部门基向量上的投影,由此得到公共服务需求与其提交部门的相关度。公共服务需求与提交部门的相关度越高,代表该需求越不需要其他部门的参与,即跨部门工作量越少,公共服务的部门行政成本越低。反之,公共服务需求与其提交部门的相关度越低,则代表所需参与的部门越多,甚至需要全部转交其他部门进行解决,则其部门行政成本越高。由此,本章采用公共服务需求与其提交部门相关度的负值来对公共服务部门行政成本进行度量,具体计算方法如下。

所有由公共部门 K 解决的公共服务问题的集合为 $\{K\}$,而第 i 项公共服务与各主题的相关概率构成向量 i^*,向量 i^* 的表达式如式(6.5)所示:

$$i^* = [p_{i1}, p_{i2}, \cdots, p_{in}] \tag{6.5}$$

则部门 K 与各主题之间的相关度向量为

$$K^* = \frac{1}{n}\sum_{i \in \{K\}} i = [k_1, k_2, \cdots, k_n] \tag{6.6}$$

假设案例中第 i 个公共服务项目提交至部门 K,最终由部门 L 解决,案例中 L 与 K 不一定为同一个部门,则第 i 个公共服务需求的部门行政成本(用 AC_i 表示)的计算公式如式(6.7)所示:

$$AC_i = \sum_{j=1}^{n} \sqrt{k_i p_{ij}} \tag{6.7}$$

3)分析讨论

上述内容可以帮助理解公共服务供给中的痛点问题。社会关注成本的负向影响说明那些冷门的事项问题获得满意答复的时间较长,但实践经验也表明98%的公众服务需求相对集中在2%的服务事项上(承孝敏,2016)。在行政资源相对有限的情况下,"偏"类问题的服务效能提升可能不是公共部门的首选项。把目光聚集到"难"和"繁"两类问题时,不难发现二者的区别。利用必要执行成本函数测算的一类典型高成本问题是小区垃圾清理问题,这个问题看似简单,但实际涉及环卫清洁、日常生活垃圾打扫、物业管理及投诉监督机制等问题,还涉及很多小区在国有企业和事业单位改革过程中面临的管辖权变化问题。数据分析显示多主题之间的方差较小,现实中的确是涉及很多领域的类似问题,这类具有共性、公众需求迫切的难题,正是相关部门需要集中精力、重点突破的问题。部门行政成本反映了部分事项与其业务的不一致性,这在一定程度上增加事项在不同部门的流转成本。2018年国务院新一轮机构改革突出以人民为中心的核心思路,进行若干面向服务需求端的机构职能调整,如将多部委的应急管理职能合并,组建应急管理部。进行合理的机构调整和职能调整,部门行政成本具有降低的空间。

上述结论直接来源于对海量政民互动文本大数据的分析,具有较好的代表性与可信度。实证结果为从降低服务成本入手提升公共服务效能提供了理论支撑。

6.1.2 公民意见与关注

1. 电子请愿与网络留言板

世界多国政府已经建立了电子请愿（e-petition）平台，以听取公众对政府的政策建议或了解公民关注（Dumas et al.，2015）。一方面，电子请愿平台是执政者了解公众观点的重要渠道（Bochel，2013），大量研究也证明这些平台可以有效影响执政者决策（Bochel，2012；Jiang et al.，2019）。另一方面，电子请愿平台可以通过公民参与提高政府透明度（Hagen et al.，2018）。当前，英国、德国、韩国、澳大利亚和美国等国家均建立了电子请愿平台。中国政府一直非常积极地建设各种类型的电子参与渠道，包括网络留言平台、在线咨询平台和政府社交媒体账号等。2008年推出的《地方领导留言板》，是政府发起的电子参与平台的重要范例，供广大群众向当地的党和政府领导人表达诉求。与更传统的参与平台相比，这些电子化平台传达公民关注的成本更低、更加透明，对普通网民也更有吸引力（Alesina and Ferrara，2005；Meltzer and Richard，1981）。

2. 基于LDA的公民关注测量

1）美国电子请愿

奥巴马政府引入了一个名为"我们人民"（We the People，WtP）的电子请愿平台，以提高政府的透明度并鼓励公民参与（Hagen，2018）。WtP被认为是奥巴马"开放政府倡议中最突出的遗产之一"（Hitlin，2016）。WtP之所以在美国公民中广泛普及，主要是因为奥巴马政府承诺对任何在30天内吸引至少10万个签名的请愿书做出回应。请愿者可以使用Twitter（推特）和Facebook（脸书）等社交媒体平台中的应用程序或者个人网站来寻求支持。出于这个原因，签名数反映了请愿的受欢迎程度。截至2015年7月，超过1900万个人在WtP上创建了账户，产生的411 546份请愿书已经积累了超过2700万个请愿。

为了进一步系统地了解平台上公民关注的声音，Hagen（2018）通过LDA方法对WtP网站上2011年9月22日至2015年1月3日期间WtP网站上显示的所有请愿信息进行分析，包含3344个请愿文件，每个请愿书都由一个标题和一个理由组成。通过10折交叉验证和专家判断，Hagen的研究将公民请愿分成了30个主题。上述早期研究为基于LDA方法测量公众关注提供了有效思路。

2）中国网络留言板

在政府治理过程中，网络的普及，也带来了透明政府、信任政府的建设，同时也大幅提高了政府执行效率。随着网络基础设施的进步，弱势群体更容易参与到政府治理的过程中。

人民网"领导留言板"是人民网于 2006 年推出的一个专门为各级地方政府开通的平台且是唯一一个全国性网络政民互动平台，公众可随时随地通过留言向政府管理者反映各种问题、表达各种诉求。自投入使用以来，其受到公众及各级政府领导的重视和广泛使用，人民网的统计数据显示，截至 2023 年 8 月 27 日，各地区各部门通过人民网"领导留言板"回应和解决的群众留言已达 400 万个（唐嘉艺和施云娟，2023）。因此该平台上蕴含的有巨大信息价值的海量政务信息资源需要被深度挖掘与分析。Jiang 等（2019）通过对人民网"领导留言板"数据进行分析，发现公民关注议题主要包括财产交易和管理、就业、邻里环境、土地征用和房屋拆除、教育和卫生、农业生产、劳资纠纷和社会保障等内容。

6.2　政　策　扩　散

6.2.1　传统政策扩散测量面临的挑战

1. 政策扩散内涵及测量

政策扩散（policy diffusion）在一般意义上被定义为政策或项目被其他政府选择所影响的情况。政策扩散的研究最早源于美国学者沃克（Walker），早期被广泛沿用的是 Rogers（2003）对政策扩散的定义，即一项政策随着时间流逝在社会系统中传播与交流的过程。目前，政策扩散的概念更为宽泛，可定义为一个政府的选择受到其他政府选择的影响（Shipan and Volden，2012），如同级政府的竞争压力（朱旭峰和赵慧，2016）。政策扩散关注不同政府采纳的政策的历时性动态机制（朱旭峰和张友浪，2015），政策扩散的参与主体是各级政府，包括中央政府与地方政府，政策扩散的客体是一个具体的政策事项、政策工具，或者是一种行政理念和宏观规划（张克，2017）。与美国相比，中国政策扩散的内涵具有不同的侧重点、表现形式，政策扩散的内涵在中国体制下具有不同的侧重点、表现形式。王浦劬和赖先进（2013）认为在推动政策扩散的行动主体这一社会和政治维度方面，中国的政策扩散活动具有重要性和特殊性，应该把政策扩散作为一般研究工具，着力结合中国政策的特定行动主体进行分析，即关注以上级政府的行政命令为导向的政策扩散过程。

本书重点关注自上而下的政策扩散模式，即在政府组织体系内部，上级政策推动者选择和采纳某项政策，并用行政指令要求下级采纳和实施该项政策的公共政策扩散模式。这是目前中国较为常见的公共政策扩散模式，具有行政指令性特征。从中央政策层级传递上来看，地方政府对中央政策的响应与执行也是中央政策自上而下扩散创新的过程，扩散与执行可视为从不同角度对同一政策过程的观察。政策扩散蕴含丰富的政策意义，学者不局限在观察某项政策的扩散过程，而是不断探索政策扩散的变量测量，评估和细化政策扩散过程中组织、领导人带来的影响。例如，Yi 等（2018）提出"便携式创新"理论来解释领导人异地任职对政策扩散的影响。DeMora 等（2019）通过比较美国立法交流委员会（American Legislative Exchange Council，ALEC）发布的政策和州政府随后颁布的法案，评估组织为政策扩散带来的持续影响力。Collingwood 等（2019）应用文字查重方法对不同法案中语料的重复度进行比较，并通过重复度指标观测美国各州的政策扩散情况。

受 Berry F S 和 Berry W D（1992）引入事件史分析（event history analysis，EHA）的影响，大量政策扩散实证研究在不同国家的不同政策领域开展。政策扩散常从"首次采纳创新"来判断扩散现象是否发生，如政府是否制定相关政策、是否建立某一机构等（Collingwood et al.，2019；Walker，1969；Berry F S and Berry W D，1992；Walker et al.，2011）。从本质上来看，这类测量是从政策扩散的时间角度来衡量政策创新，并以创新采纳的时间作为扩散行为发生的标志。在实践中，地方政府可能采用更为隐蔽的形式对同一类型的政策进行扩散。例如，早期朱旭峰和张友浪（2015）通过建立政务服务大厅测量行政审批改革制度扩散情况，而当前各地对行政审批改革制度的创新扩散变得更为隐蔽，创新扩散隐藏在各种"最多跑一次""一网通办""一门一窗一次"等业务模式理念包装之下。标志性政策落地事件的明确界定变得越来越难。

理解和有效测量中央层级政策扩散是探索其背后影响机制的前提。从 Walker（1969）提出"政策创新扩散"概念以来，政策扩散的测量主要采用考察地方政府是否制定了与中央一致的政策或观察标志性政策落地事件是否发生等方式（Berry F S and Berry W D，1992；Walker et al.，2011）。但从当前大多数研究来看，采用最多的是高度概括的二分类变量方法，也有少数学者引入更复杂的测度，如政策采纳比例（Ma，2014）及连续变量（Yi et al.，2018）。这主要是因为传统政策扩散测量方法无法更为准确地反映观察变量或代理变量的详细信息，因此常采用高度抽象化的指标反映政策扩散现象的发生。

2. 复杂环境下政策扩散测量面临的挑战

日益复杂的外部环境使传统政策研究面临巨大挑战，现有政策扩散测量方式也面临较大挑战。一方面，相对简单的测量方式无法区分地方对中央政策是切实落地还是符号化遵从。概括化的测量方式尽管使得经典政策扩散研究得以进行，但以损失政策扩散变量精度和扩散现象本身蕴含的大量信息为代价。研究表明中央"压力-回应"式的纵向政策扩散面临持续性较低的挑战(郁建兴和黄飚,2015,2017),有必要建立立体化测度方式,以深度评估政策扩散。另一方面,高度概括化和粗颗粒度的测量方式更适用于较长时间周期政策扩散过程的观察,对于中央政策出台后短时间内出现的细微变化并不适用,也无法满足实时的政策扩散监测需求。国家多个公共政策领域面临着对政策过程进行科学决策和有效评估的重大战略决策需求,需要发展适用于大规模、多形态、短周期场景的政策扩散评估方法,本书基于政府网站内容数据进行分析和挖掘,使之成为可能。

此外,政策扩散创新的差异度和持续性也是政策扩散的重要内容。差异度涵盖政策的范围、复杂度,以及政策采用者是否继续跟上该领域最先进的发展等方方面面(朱旭峰和张友浪,2015)。在持续性方面,过去的测量设定当某地采纳某一项政策或项目后,不存在继续采纳的情况(Yi et al., 2018),这使得扩散研究常聚焦在不可重复事件(nonrepeatable event)上。为了解决以往政策扩散测量面临的高度概括化、周期长等问题(Loftis and Mortensen, 2020),本书基于 LDA 政策主题概率矩阵反映的地方政府政策主题关注情况,测量外生中央政策激励产生后,政府网站对相关政策主题的响应情况持续变化程度,从微观数据层面反映中央政策的层级扩散过程。

6.2.2 大数据视角下政策扩散测度构建

1. 扩散速度与扩散程度函数构建

在政府网站注意力分布中,地方政府对中央政策 k 的讨论体现在该政策主题概率占比 p_i 的波动情况上。由于政府网站的内容受多方面复杂因素的影响,直接比较不同地方、不同政策主题的概率和占比并不能说明问题,需要在此基础上进行测度构建。

在测度构建中,与中央政策 k 高度相关的政策出台时间为政策出台时间点,表示为 t_k。在 t_k 前,地方政府网站上每日中央政策 k 主题概率占比 p_i 的均值反映了该政策主题在政策激励产生时间点前的常态(i 取值为 1 至 t_k),将这一常态设为参数 μ,相对应的标准差为参数 σ。在 t_k 后,当某日中央政策 k 主题概率占比 p_i 超过 $\mu+\sigma$ 时,则认为中央政策在目标地方产生了显著的政策影响,p_i 首次超过 $\mu+\sigma$ 的时间点为政策激励响应时间点,表示为 $t_k^{\mu+\sigma}$,其表达式如式(6.8)所示:

$$t_k^{\mu+\sigma} = \arg\min_{t_i}\{f(t_i) \geqslant \mu+\sigma\} \tag{6.8}$$

本书定义,中央政策 k 的扩散速度 $Speed_k$ 指政策出台后,地方政府在政府网站上对该项政策做出响应的时间,在测量层面反映为 $t_k^{\mu+\sigma}$ 到中央政策 k 出台时间

点 t_k 的时间距离（天数），其表达式如式（6.9）所示：

$$\text{Speed}_k = t_k^{\mu+\sigma} - t_k \tag{6.9}$$

需要注意的是，Speed_k 值越大表示扩散需要的时间越长，扩散速度越慢。尽管可以取倒数表示速度的快慢，但为了使扩散速度的实际意义便于解释，除特别说明外，本书测算的扩散速度 Speed_k 为时间距离（天数）。

除了扩散速度，本书也关注影响产生后的持续强度，并定义了中央政策 k 的扩散程度 Degree_k，即政策出台后，地方政府在政府网站上响应该项政策后的持续性回应程度，在测量层面反映为 $t_k^{\mu+\sigma}$ 后，$p_i \geq \mu+\sigma$ 时，p_i 减去 $\mu+\sigma$ 的差值的总和，其表达式如式（6.10）所示：

$$\text{Degree}_k = \sum \{f(t)-(\mu+\sigma)\}, \ t \in \{t | t > t_k^{\mu+\sigma}, f(t) > \mu+\sigma\} \tag{6.10}$$

2. 外生中央政策激励确定

正如前文所言，政策扩散研究需要进一步和外生中央政策激励关联，以明确该议题是否由中央政策激励引起，提升主题和外生中央政策匹配的精确度。本节通过对主动公开宣传、政府日常行政信息公开之外的政策主题进行筛选，并通过和当年中央发布的政策主题进行关联，以判断哪些政策主题是由中央政策激励引起的。判断标准包括：政策主题和中央政策激励之间的对应关系，即与政策主题高度相关的网页文本中是否多次直接提及该中央政策的名称；中央政策出台时间是否处于样本分析期间内；中央政策的出台部门是否为中共中央办公厅、国务院办公厅及国务院各部委。经筛选，共 13 个政策主题满足分析要求，对应关系见表 6.2。

表 6.2 本书用于分析的中央政策-主题列表

主题编号	主题名称	发文部门	中央政策名称	文件发布时间
9	高等教育	教育部、财政部、人力资源和社会保障部、中央编办	《教育部直属师范大学师范生公费教育实施办法》	2018年8月10日
12	土地使用权	国土资源部	《关于全面实行永久基本农田特殊保护的通知》	2018年2月23日
28	医疗卫生监管	国务院办公厅	《关于改革完善医疗卫生行业综合监管制度的指导意见》	2018年8月3日
32	污染防治	环境保护部、水利部	《全国集中式饮用水水源地环境保护专项行动方案》	2018年3月9日

续表

主题编号	主题名称	发文部门	中央政策名称	文件发布时间
46	银行企业信贷	中国人民银行、银保监会、证监会、国家发改委、财政部	《关于进一步深化小微企业金融服务的意见》	2018年6月23日
71	职业培训	市场监管总局、人力资源和社会保障部	《关于规范营利性民办技工院校和营利性民办职业技能培训机构名称登记管理有关工作的通知》	2018年4月11日
77	负面清单	国家发改委、商务部	《自由贸易试验区外商投资准入特别管理措施（负面清单）（2018年版）》	2018年6月30日
95	农机购置补贴	农业农村部、财政部	《关于印发〈2018—2020年农机购置补贴实施指导意见〉的通知》	2018年2月22日
111	社会保障	人力资源和社会保障部、财政部	《关于2018年调整退休人员基本养老金的通知》	2018年3月5日
114	税收减免	财政部、国家税务总局	《关于统一增值税小规模纳税人标准的通知》	2018年4月4日
115	社会救助	国务院	《关于建立残疾儿童康复救助制度的意见》	2018年7月10日
116	改革与发展	国务院	《关于改革国有企业工资决定机制的意见》	2018年5月25日
117	乡村振兴战略	中共中央、国务院	《关于实施乡村振兴战略的意见》	2018年1月2日

注：国土资源部2018年3月改为自然资源部，环境保护部2018年3月改为生态环境部，银保监会2023年改为国家金融监督管理总局。

3. 中央政策层级扩散速度与扩散程度

面对中央政府希望通过政府网站和其他网络政府入口监测政策落实、督查政府履职、评估回应能力的一系列需求，本书尝试基于政府网站大数据对中央政策扩散情况展开分析。图6.2展示了2018年地级市13项中央政策的扩散速度情况。曲线越扁平，说明地级市政府扩散时间越短，层级扩散速度越快。平均扩散速度为20天，意味着中央出台政策后地级市政府网站平均20天就会对中央政策予以回应。其中，地级市政府回应最快的是医疗卫生监管主题，平均扩散时间为12.07天，最慢的是土地使用权主题，达25.11天。从0.5百分位数来看，当不同政策主题的中央政策激励产生后，超过一半的城市在20天内快速响应中央政策，不同政策主题扩散速度存在差异。

第6章 解释性测度构建：注意力机理与政策扩散

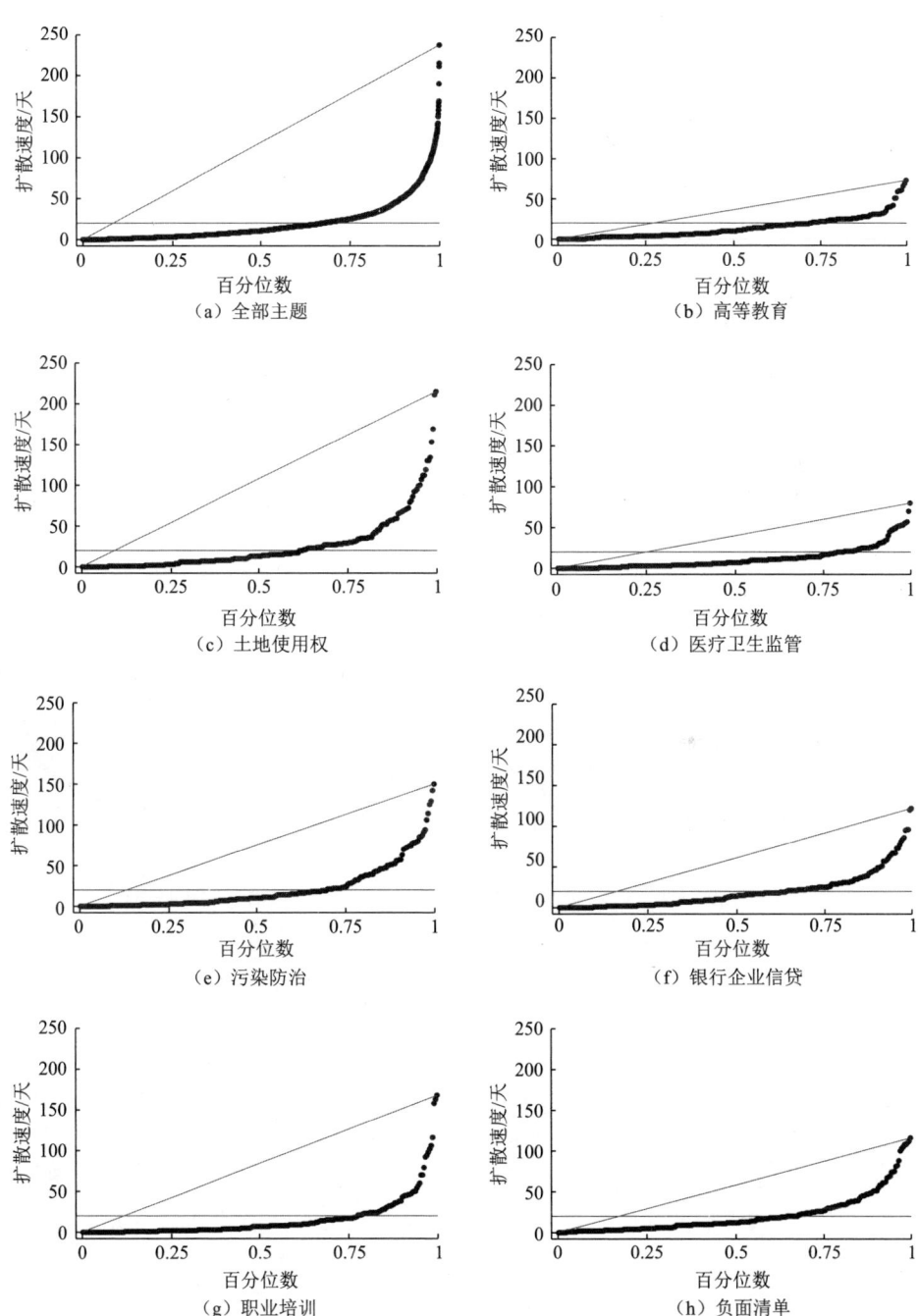

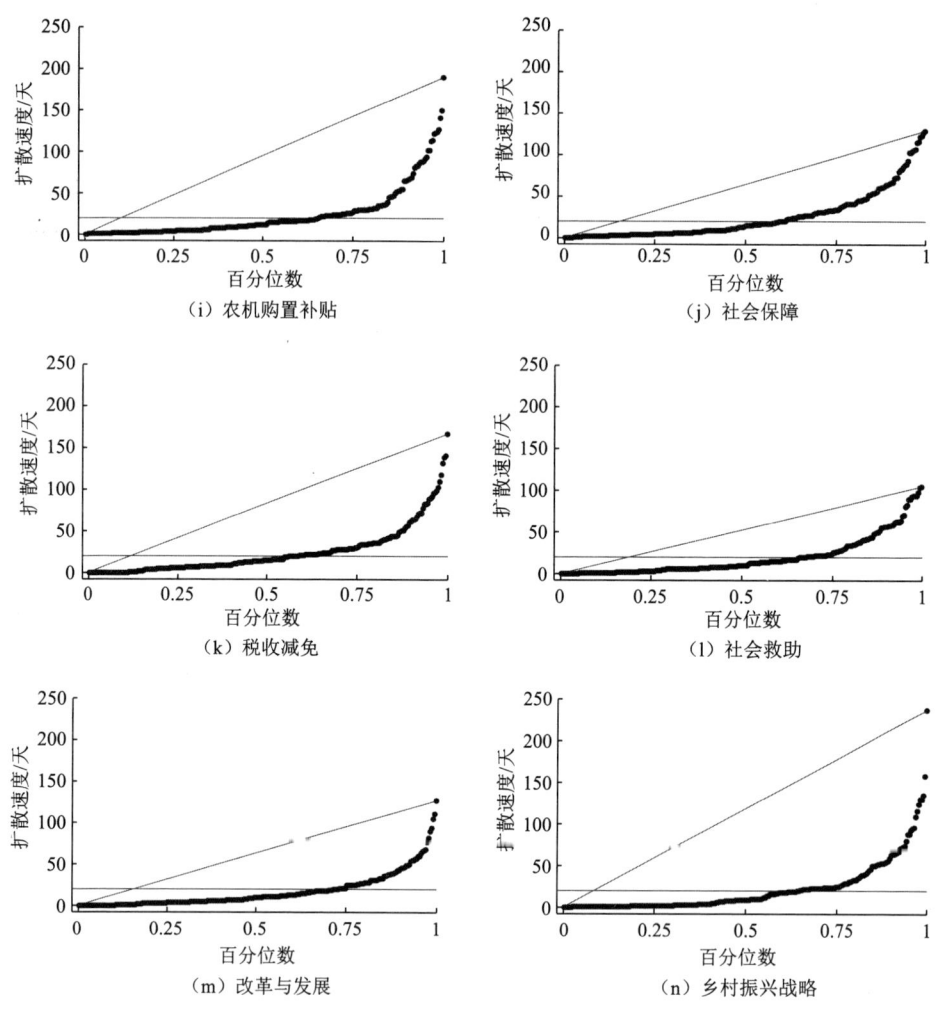

图 6.2 不同政策主题扩散速度百分位图

斜线为线性拟合线,横线为基线,基线为均值 20 天

图 6.3 展示了 2018 年 13 项中央政策在 245 个地级市扩散程度的分位数统计情况。从 0.5 百分位数来看,社会保障、改革与发展、乡村振兴战略等主题在中央政策出台后,超过一半的城市对这些政策的扩散程度高于均值 0.56,表示这几个政策主题为 2018 年地方政府在有限注意力中回应较多的几个中央政策主题。关于对城市低保政策扩散的研究表明,中央政府的政策关注能够推动与其方案一致的城市创新,但并不能直接抑制差异的产生。本书的研究进一步证明,尽管绝大部分城市可以在短期内对中央政策激励予以回应,但对不同中央政策的回应程度具有较大异质性。

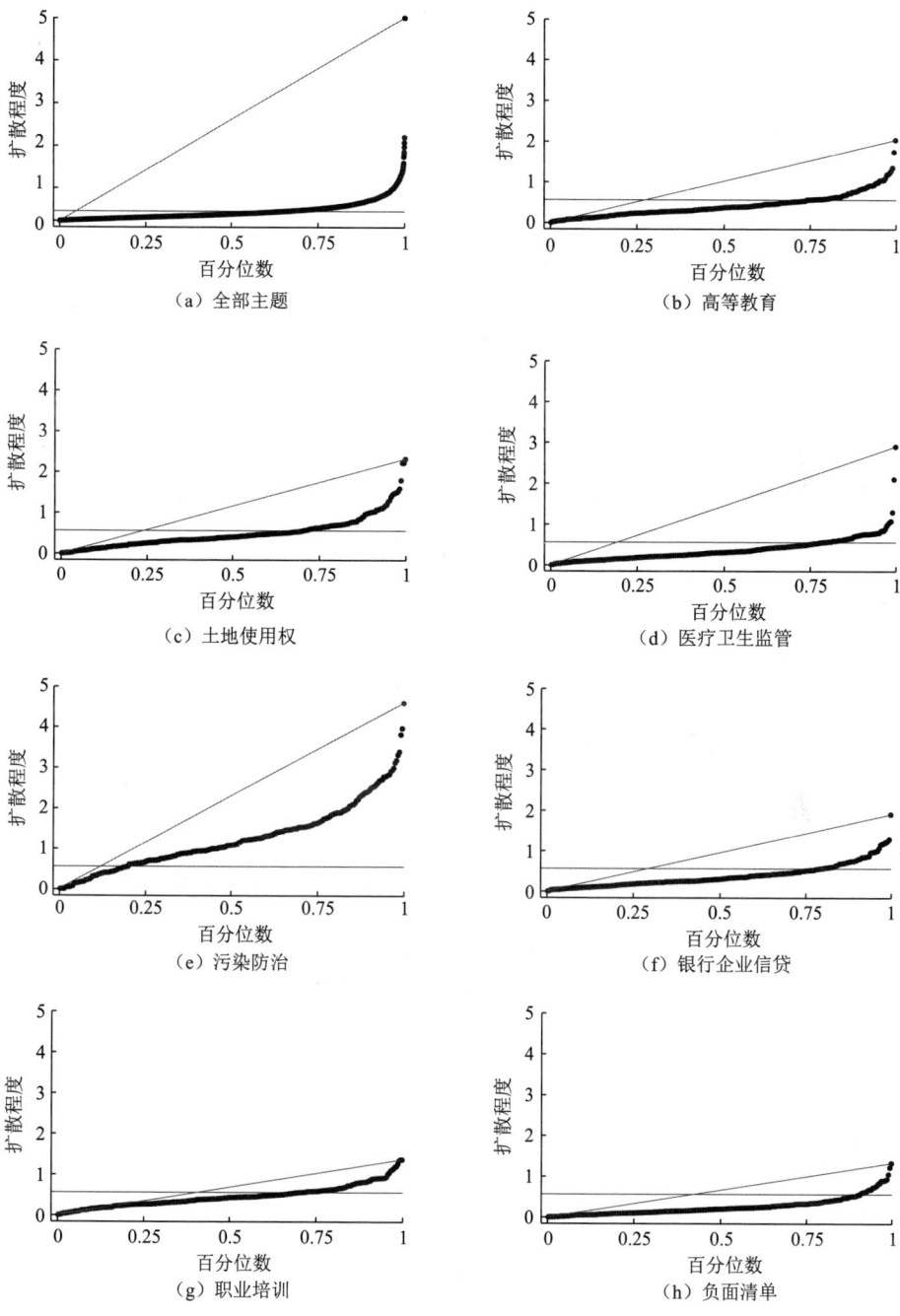

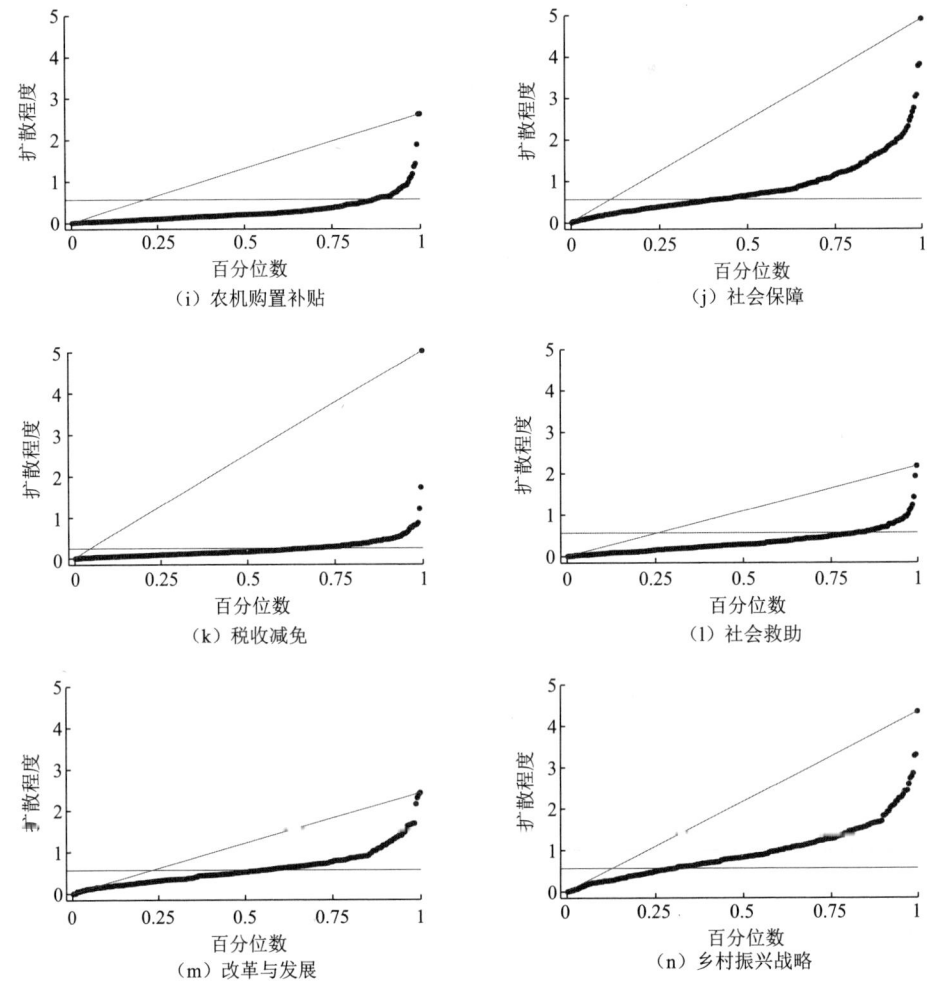

图 6.3 不同政策主题扩散程度百分位图

斜线为线性拟合线,横线为基线,基线为均值 0.56

对于多层次政策扩散来说,中央政策主题本身的类型和属性也是影响政策扩散的重要因素。Makse 和 Volden(2011)对 30 年间美国各州 27 种不同刑事司法政策扩散进行研究发现,政策复杂性、兼容性、可观测性、相对优势和可尝试性均影响政策扩散。政策可以分为经济政策与社会政策,经济政策出台的目的是促进地方经济增长,社会政策被认为是一种消耗当地财政资源或不产生经济效益的政策(朱旭峰和赵慧,2016)。对于我国中央政策层级扩散而言,政策类型、政策发文级别等也可能对政策扩散产生影响。本章的研究利用政民互动平台的公众反馈大数据,通过构建基于主题概率的测度函数表征公共服务成本要素,从而分析公共服务效能影响因素，理解公共服务效能与成本之间的关系。

6.3 本章小结

本章围绕政府注意力机理和政策扩散两个公共管理领域的重要议题，基于对海量网络政府文本数据、政民互动数据的大数据分析，描绘政策扩散路径，刻画政策扩散与公众关切的特征，测度政府关切回应能力的差异，以期支撑深入的学术研究和高效的政府决策。在以开放与协同为特征的大数据治理环境与治理体系下，本章围绕不同公共管理和公共政策议题展开分析，从分析结果中提炼关键知识规律，发展连接信息技术和公共管理现象的中层理论，进而发现更多有价值的公共管理知识。

在注意力机理部分，本章利用政民互动平台的公众反馈大数据，通过构建基于主题概率的测度函数表征公共服务成本要素，这有利于未来进一步分析公共服务效能影响因素，理解公共服务效能与成本之间的关系。在传统公共服务效能的理论基础上，本章结合了信息时代大数据分析的相关理论模型，以传统理论为假设基础，以海量文本数据作为研究支撑，构建了一类公共管理领域研究的新模式，也为传统研究理论与现代信息化电子政务的融合找到了相应的契合点。本章将信息领域文本挖掘方法引入公共管理领域中来，在公共服务效能提升的研究领域尝试了结合电子政务大数据进行研究的新方法，构建了从文本数据到公共管理学知识的新途径。

在政策扩散部分，本章基于全国省、市级政府门户网站每日更新的170万余篇内容数据，利用LDA概率主题建模方法对网页文本大数据进行数据挖掘，描绘网络政府的注意力关切情况。通过测量一定时间内的外生中央政策激励引起的政策议题关注变化，研究构建了政策扩散速度与政策扩散程度两个中央政策层级扩散测度指标，为理解中央政策层级扩散现象提供了新角度。从2018年地方政府对中央政策的扩散速度结果来看，当中央政策激励产生后，各地市随即快速响应，不过不同政策主题的扩散速度存在一定差异。从扩散程度来看，地方对中央政策的响应程度具有较大的异质性，在地方政府有限的注意力下，社会保障、改革与发展、乡村振兴战略等政策主题为回应程度最高的几个政策主题。本章通过层级扩散测量初步探索过往政策扩散研究中的经典变量在短期扩散场景下的适用性，描绘短周期政策层级扩散路径，为理解中央政策的层级扩散提供了新的角度。

第 7 章　因果推断：关键变量测量突破后的理论发现

在当前复杂的政策环境背景下，传统模型驱动的决策范式逐渐向大数据驱动的决策新范式转变，政策制定也从信息化向智能化方向发展。利用大规模数据分析建立政策指标和问题模型，有利于进行政策多维解析，也有利于提升我国公共管理和国家治理领域的政策决策科学化水平。前文引入文本大数据分析对公共管理关键变量进行描述和刻画，本章则重点阐述了文本挖掘在简单聚类、分类、关联分析之外更深层次的用途，通过实证研究解释地方政府政策扩散路径模式选择背后的内在逻辑，为大数据研究方法在公共管理领域中的应用提供了良好的借鉴意义。

7.1　中央政策层级扩散影响因素分析

在我国，中央行政命令是促进一项新政策自上而下推广到全国各级地方政府的重要方式（朱旭峰和赵慧，2016），研究地方政府贯彻响应中央政策的影响因素对推进中央政策落地具有重要意义。与单一政策主题扩散研究不同，本章分别以中央政策的层级扩散速度和扩散程度作为因变量，检验经典政策扩散研究中广泛讨论的变量对多主题扩散影响的有效性，识别出不对政策类型敏感的影响因素，以期为政策扩散理论贡献新的应用情境知识。政策扩散研究的一个重点是解释为什么有些地方政府会倾向于进行政策扩散。关于政策扩散发生的原因，从经典政策创新扩散研究的影响因素来看，内部经济与行政因素、外部扩散机制带来的影响得到了一致验证。

7.1.1　内部经济与行政因素

内部经济与行政因素包括人口结构、居民收入水平和经济发展等（Walker et al., 2011）。内部因素是指某一地方政府的社会、经济与政治特征，具体涉及城市化程度、居民收入水平等。就经济因素影响而言，一般认为地方政府的经济发展水平越高，越倾向于推动政策扩散。Walker（1969）通过对美国各州 88 项政策进行研究发现，经济发展水平、城市化程度、工业化水平越高的地方越倾向于进行政策创新。但有研究者指出，经济发展水平对政策扩散的影响会根据政策属性有所区别，如对于能够增加地方财政收入的项目，经济发展水平越低的地方越倾向于采纳该项目（Berry F S and Berry W D, 1992），而对于消耗地方财政的社会福利型项目，经济发展水平低的地方政府往往缺乏财政资金响应中央政策。Gray（1973）指出需要进一步明确地方政府对于不同领域的财政投入，这会影响地方政府在不同领域的政策扩散。就政治组织结构因素而言，组织的规模往往对行政领域创新有负面影响，对技术领域有正向促进作用。组织结构越复杂，其调动资源、协调管理的难度越大，行政领域的政策扩散也就越难，这就意味着行政等级越高的地方政府越难推进政策扩散。

在中国特色制度中，中央政府在财政、行政管理方面对地方政府进行分权，地方政府在辖区内享有相对独立的决策权和执行权，中央政府拥有较大的决策权和人事权（Xu，2011）。中央与地方之间的财政分权是解释地方政府行动逻辑的重要因素，目前国内外学者已经进行了大量的讨论。

1994年进行的分税制财政管理体制改革是央地关系转变的重要节点。进行分税制改革后，中央的财政汲取和分配能力不断提升（朱旭峰和吴冠生，2018）。中央财政收入占全国总财政收入的比重从1993年的31.6%提升至1994年的55%（魏红英，2002），之后始终保持在50%左右。分税制改革使得地方政府在财政收入减少的情况下，要承担更多的财政支出责任，以至于部分地方政府必须依赖中央的转移支付才能实现收支平衡（周飞舟，2006）。各地方政府因经济发展水平、财政收入不同，对中央转移支付的依赖程度存在较大差异。如果地方政府想要持续获得上级政府的财政支持，在政策扩散执行中可能会更倾向于积极响应上级政府来获得认可。因此，地方政府对于上级政府的财政依赖度差异可能会导致地方政府行为选择上的差异。

7.1.2 外部扩散机制

外部扩散机制包括横向和纵向两种机制，横向扩散机制指同级政府间的竞争、学习与合作（Shipan and Volden，2012），纵向扩散机制有自上而下和自下而上两种。本书主要关注自上而下的纵向机制，如上级通过行政指令、财政激励等影响低层级政府政策的采纳。从更为基本的政府间关系模式划分，政策扩散可分为纵向垂直扩散与横向水平扩散两大类（Shipan and Volden，2008）。纵向垂直扩散模型关注行政等级对政策扩散的影响。纵向机制通常包括来自层级更高级政府的强制指令（Berry F S and Berry W D，1990；Walker et al.，2011）以及自下而上的联邦主义扩散效应（Shipan and Volden，2008）。在自上而下的联邦主义中，政策由高层政府向低层政府扩散，高层政府通过示范、指令、财政激励等不同方式影响低层政府的政策决策。在自下而上的地方政府创新中，政策创新由低层级向高层级扩散，既存在促进政策扩散的"滚雪球"效应，也存在可能阻碍政策扩散的"压力阀"效应（Volden，2006）。新制度理论认为，对组织具有强大影响力的主体（如上级政府、监管机构、行业协会等），可能会劝服乃至强制组织采用某种政策。目前中国较为常见的公共政策扩散模式是自上而下的层级性政策扩散模式,具有行政指令性特征,即在政府组织内部,上级政策推动者选择和采纳某项政策,并用行政指令要求下级采纳和实施该项政策的公共政策扩散模式(王浦劬和赖先进,2013)。本章重点关注的是这种自上而下的垂直扩散模式。

中国的政府组织从上至下分别为中央、省、地级市、区县、乡镇。在这样的五级"金字塔"的政府层级体系的核心权力关系下,下级地方政府的权力由中央授权,这种权力关系决定了上级政府部门可以通过行政指令推动政策实施(王浦劬和赖先进,2013),中央的行政指令能够对各级政府施加政策执行压力,同时也增加了下级政府采纳新政策的动力。虽然下级地方政府也具有一定的自由裁量权,可以根据地方发展需求制定本地政策执行细则,根据信息优势选择性地进行政策扩散(Zhou,2010),但上级政府会通过财政激励等方式对地方政策进行引导(Mei and Pearson,2014)。上级政府拥有人事任免与资源分配权力,是地方竞争比赛的最终裁判,来自上级政府的压力被认为是中国特色层级政府体系中推动下级政府政策扩散最重要的影响因素(Walker,1969;王浦劬和赖先进,2013;Heilmann,2008)。因此对于市级政府而言,省级政府对于中央政策的扩散为地方政府提供了应对社会问题的更加具有指导性、更加细化的解决方案,同时对其直接上级行政命令的服从与落实也是获取上级认可与资源的途径。因此我们认为省级政府对中央政策的扩散效果将会影响地方的对这一政策的扩散效果。

横向水平扩散关注相邻地方政府间的互动,地理相邻的政府更有可能进行政策扩散(March and Simon,1993)。地理相邻的政府有更为便捷的信息沟通渠道,信息传递成本低,互动交流更为频繁,并且地理相邻的政府多具有相似或一样的政治、经济、文化背景,政府行为往往具有趋同性,在面临相同的公共问题时,政府也容易受到邻近政府的影响。在西方下,地理相邻效应主要是指横向的邻近区域的影响,学习、竞争、模仿和水平扩散等主要关注的是横向邻近区域之间的政策扩散。而中国的政府间横向扩散机制有可能区别于其他民主国家,政府间竞争、学习的动力机制可能不同,西方国家政策扩散的压力主要来自选举和连任,中国地方政府政策扩散的动力主要是上级政府的考核等制度,因此地方政府的政策扩散压力可能并非源于公众需求,而主要源于上级政府的偏好。这种政策扩散现象虽然表现的是横向政府的扩散,但仍可能源于垂直压力的影响(马亮,2011)。

在横向扩散效应方面,本书主要考察同级地方政府的横向影响。中国的水平关系有别于西方,政府间竞争、学习的动力机制可能不同,与来自选举和连任的政治压力不同,中国地方政府的动力主要来自上级政府的绩效考核等制度,地方政府会选择性地寻找竞争"靶点",持续地观察同级城市的举措,以维持或提高相对于竞争对手或者学习榜样的绩效。如果邻近或相似地区政策扩散效果好,那么所在地区迫于压力,其政策扩散水平也会提高。Zhang(2012)对中国县市土地储备制度的扩散进行了实证研究，从新制度理论的角度证实了来自上级、同级和舆论的制度压力对其政策扩散的显著作用。但同级政府的横向扩散受哪一种具体因素的影响，较难一一识别，往往是多种影响机制并存。因此，无论哪种机制发挥主导作用，同级政府的影响压力都会影响地方政府行为。而且在中国，地方政府间的竞争主要发生在同一上级政府辖区内的同级政府之间。即使两个地方政府地理上并不相邻，也存在竞争关系（朱旭峰和张友浪，2015）。

7.1.3　干部选拔制度

除了上述讨论外，多位学者讨论了中国体制下特有的干部选拔制度是中国情境下影响中央政策层级落实的重要因素（邓理和王中原，2020）。部分地方官员往往为了寻求升迁机会而积极响应中央政策，通过积极提升相关政策注意力来表达绩效。对于地级市领导人而言，其年龄和任期是影响干部晋升的重要因素，部分研究显示地级市领导人年龄一旦超过 55 岁，可能就几乎没有太多机会晋升到更高级别的政府职位（Zhu and Zhang，2019；刘佳等，2012）。领导人任期对政策创新扩散的非线性影响也在中国场景下得到验证（朱旭峰和张友浪，2015）。

资源的稀缺性，以及地方政府绩效的提升，加强了地方政府间的竞争，上级政府会判断地方是否有发展的潜力或迫切需求，以此决定对地方政府发展的支持、资源分配。地方政府发展需要对资源要素进行行政化配置，为推动经济高速增长，向中央争取资源要素就成为加快区域经济发展的理性选择。然而由于资源的稀缺性和出于战略上的考虑，中央政府对资源会进行选择性的分配（殷存毅和汤志林，2010）。目前中央政府常用的方式，是通过行政命令来引导地方政府竞争和资源分配，如中央政府发现某一地方政府在竞争中的实践是有益的，引导其他政府或者直接通过行政命令在全国推广，同时平衡各地方政府由于地理环境或经济发展水平不同而产生的区域差异，中央政府通过优惠政策、资源要素倾斜政策扶持不发达地区以协调区域发展。

既有研究表明，经济增长是上级政府考核和选拔下级官员的重要参考指标，因此地方官员往往会通过发展经济来争取晋升机会。因此，越来越多学者认为地方政府官员是"政治人"，而不是 Jin 等（2005）提出的"财政联邦主义"中的"经济人"。在这样的制度体系下，地方政府的激励与约束主要来自上级政府，为了更好地监督地方政府，上级通过一系列绩效考核指标约束地方决策者，包括经济增长率、就业状况等指标，也包括社会安定状况等非经济因素（刘亚平，2007）。但干部选拔制度仍会促使地方政府通过各种方式竞争，以提高绩效或获得各种地方优惠政策。

7.1.4 变量选择

依据上述文献，本书选取了人均 GDP、财政依赖度（张闫龙，2015）、行政级别（朱旭峰和赵慧，2016）等变量测量地方政府经济与行政因素。外部扩散机制包括横向扩散机制和纵向扩散机制，即同一省级行政辖区内除该市的其他城市对中央政策的平均扩散速度和平均扩散程度，以及该市所在省份对中央政策的扩散速度和扩散程度。本书进一步纳入了市长/市委书记年龄是否超过 55 岁、领导人任期长度和领导人任期的平方等变量。考虑到中央政策的固有属性可能对地方政府创新扩散的积极性产生影响，本书也进一步控制了中央政策级别、政策类型和地方信息公开化建设水平等变量的影响。政策级别和政策类型均为虚拟变量，中共中央办公厅或国务院办公厅发文设为"1"，部委发文则设为"0"；经济政策设为"1"，社会政策设为"0"。地方信息公开化建设水平来源于清华大学国家治理研究院发布的《2017 年中国政府网站绩效评估报告》。表 7.1 中具体列出了本章研究所用的变量及其测量方法和资料来源。

表 7.1 本章研究所用的变量及其测量方法和资料来源

变量		测量方法	资料来源
被解释变量	扩散速度	判断特定主题在某市政府网站的海量网页中的出现频率，将政策话题基准（上级政策发布前的常态情况）的频率激增作为扩散标志，政策扩散时间与中央政策出台的时间间隔作为响应速度	作者统计（基于 LDA 分析的文档-主题概率矩阵）
	扩散程度	判断特定主题在某市政府网站的海量网页中的出现频率，将对比政策话题（上级政策发布前的常态情况）基准的频率激增作为扩散标志，计算政策超过基准值的概率值之和	作者统计（基于 LDA 分析的文档-主题概率矩阵）
外部扩散机制	省级政府扩散速度	判断特定主题在某市政府网站的海量网页中的出现频率，将政策话题基准（上级政策发布前的常态情况）的频率激增作为扩散标志，政策扩散时间与中央政策出台的时间间隔作为响应速度	作者统计（基于 LDA 分析的文档-主题概率矩阵）
	省级政府扩散程度	判断特定主题在某市政府网站的海量网页中的出现频率，将对比政策话题（上级政策发布前的常态情况）基准的频率激增作为扩散标志，计算政策超过基准值的概率值之和	作者统计（基于 LDA 分析的文档-主题概率矩阵）
	相邻政府扩散速度	对于某市政府，取所在省份中其他城市政策扩散速度平均值	作者统计（基于 LDA 分析的文档-主题概率矩阵）
	相邻政府扩散程度	对于某市政府，取所在省份中其他城市政策扩散程度平均值	作者统计（基于 LDA 分析的文档-主题概率矩阵）

续表

变量		测量方法	资料来源
内部经济与行政因素	人均地区生产总值	前一年人均区域 GDP（单位：千元）	《中国城市统计年鉴 2017》
	财政依赖度	财政支出与财政收入的差额占地级市财政支出的比重	《中国城市统计年鉴 2017》
	行政级别	当一个城市是地级市时取"0"，当该市为省会或副省级城市时取"1"	《2017 年中国政府网站绩效评估报告》
领导人特征	市委书记年龄	现任市委书记是否超过 55 岁。超过 55 岁取"1"，否则取"0"	作者统计
	市长年龄	现任市长是否超过 55 岁。超过 55 岁取"1"，否则取"0"	作者统计
	市委书记任期	市委书记就任当月直到评估结束（2018 年 10 月）的任职时间（单位：年）	作者统计
	市长任期	市长就任当月直到评估结束（2018 年 10 月）的任职时间（单位：年）	作者统计
控制变量	中央政策类型	经济政策设为"1"，社会政策设为"0"	作者统计
	中央政策级别	中共中央办公厅或国务院办公厅发文设为"1"，部委发文则设为"0"	作者统计
	地方信息公开化建设水平	某市政府 2017 年的信息公开能力指标得分	《2017 年中国政府网站绩效评估报告》

7.2 回归分析与鲁棒性检验

7.2.1 多政策主题混合回归分析

因变量中央政策扩散速度的数据为正整数，研究样本方差远大于均值（685.32≫20.04），过度分散参数 α 经检验大于 0（$p<0.001$），不存在零膨胀问题，故采用负二项回归对模型进行估计。因变量中央政策扩散程度为大于 0 的连续变量，故采用 Tobit 受限变量回归估计模型参数。在进行回归分析之前，本书也做了共线性检验、异方差检验等系列回归诊断以保证数据满足回归的基本假设，并逐步将不同类型的自变量纳入模型中以避免多重共线性和模型选择可能造成的影响。此外，本书对所有回归系数的标准误都在政策主题层面上进行聚类处理以减少可能存在的异方差。表 7.2 为中央政策层级扩散影响因素回归分析。

表 7.2　中央政策层级扩散影响因素回归分析

变量		中央政策扩散速度			中央政策扩散程度		
		模型 7.1	模型 7.2	模型 7.3	模型 7.4	模型 7.5	模型 7.6
内部经济与行政因素	人均地区生产总值	0.0964** (2.24)	0.0948** (2.35)	0.1000** (2.38)	−0.0188 (−1.05)	−0.0301* (−1.88)	−0.0298* (−1.86)
	财政依赖度	0.0548** (2.12)	0.0290 (1.19)	0.0290 (1.18)	0.0120 (0.80)	0.0163 (1.15)	0.0172 (1.20)
	行政级别	0.0165 (0.40)	−0.0057 (−0.15)	0.0131 (0.34)	−0.0122 (−0.50)	−0.0168 (−0.76)	−0.0135 (−0.60)
外部扩散机制	相邻政府扩散速度		0.0116*** (2.73)	0.0121*** (2.97)		0.0028*** (2.89)	0.0028*** (2.98)
	相邻政府扩散程度		0.0375 (0.68)	0.0355 (0.67)		0.6970*** (21.18)	0.6960*** (21.15)
	省级政府扩散速度		0.0007 (1.09)	0.0007 (0.98)		0.0006** (2.13)	0.0006** (2.14)
	省级政府扩散程度		0.0550** (2.33)	0.0512** (1.97)		0.0933*** (4.61)	0.0939*** (4.63)
领导人特征	市委书记年龄			−0.0718 (−1.40)			−0.0300 (−1.48)
	市长年龄			−0.0677 (−1.20)			0.0342 (1.12)
	市委书记任期			−0.0384 (−0.57)			−0.0059 (−0.25)
	市委书记任期的平方			0.0034 (0.30)			0.0017 (0.42)
	市长任期			0.2090*** (4.39)			0.0317 (1.39)
	市长任期的平方			−0.0310*** (4.21)			−0.0050 (−1.38)
控制变量	中央政策类型	0.1120 (1.23)	0.1010 (1.52)	0.0968 (1.49)	−0.0274 (−1.19)	−0.0376* (−1.75)	−0.0378* (−1.76)
	中央政策级别	−0.1710 (−1.54)	−0.1250 (−1.42)	−0.1210 (−1.39)	0.0084 (0.37)	−0.0161 (−0.74)	−0.0161 (−0.74)
	地方信息公开化建设水平	−0.0024 (−0.56)	−0.0025 (−0.62)	−0.0020 (−0.42)	0.0005 (0.23)	0.0001 (0.07)	0.0006 (0.31)
	截距	1.9720** (3.63)	1.6660*** (3.11)	1.4580*** (2.65)	0.7770*** (3.91)	0.3920** (2.19)	0.3580* (1.94)
	log-likelihood	−11 989.8	−11 236.8	−11 227.9	−2 640.5	−2 117.6	−2 114.6

注：对所有回归系数的标准误差都在政策主题层面上进行聚类处理以减少可能存在的异方差，log-likelihood 为对数似然值

*表示 $p<0.10$，**表示 $p<0.05$，***表示 $p<0.01$（双尾）

从回归结果来看，内部经济与行政因素中，仅人均地区生产总值对中央政策扩散速度和扩散程度具有显著影响，影响系数在不同模型中保持稳健。人均地区生产总值越高，中央政策扩散速度越慢，扩散程度也越低。外部扩散机制中，中央政策扩散速度受同级扩散速度和上级扩散速度的影响，中央政策扩散程度既受到同级和上级扩散速度的影响，也受到同级和上级扩散程度的影响。领导人特征中，市委书记年龄和任期对中央政策扩散速度和扩散程度的影响的回归系数均为负值，但并不显著。市长的个人特征检验中，市长任期与中央政策扩散速度之间为显著的倒"U"形关系。控制变量中，仅中央政策类型对中央政策扩散程度有显著影响，地方政府对社会政策的扩散程度高于经济政策。中央政策级别和地方信息公开化建设水平对中央政策扩散速度和扩散程度无显著影响。总体而言，短周期多主题层级政策扩散模型中，人均地区生产总值、相邻政府扩散速度和相邻政府扩散程度仍具有较显著的影响效果，财政依赖度、行政级别、领导人特征等因素不完全显著。

7.2.2 鲁棒性检验

考虑到 LDA 模型作为一种无监督机器学习方法，可能面临精度不稳定和主题重叠交叉等问题，本书在政策激励的筛选过程中引入人工干预，筛选出与中央政策高度对应的 LDA 建模主题，通过聚焦关键主题确保分析精度。为了验证因变量测量的鲁棒性，确保后续结果解释的有效性，本书引入有监督机器学习，用机器学习方法作为替代方法，重新计算每个城市响应中央政策主题的扩散速度和扩散程度，并作为新的因变量纳入回归模型。在机器学习算法中，常见算法如支持向量机和神经网络属于无法控制分析模型的中间过程的黑箱模型（Barakat and Bradley，2010），决策树模型面对冗余样本时可能出现过拟合的问题（Hoens and Chawla，2013），综合考虑，本书选择当前透明度和解释度较高的 GBDT 作为鲁棒性检验替代方法（孟庆国等，2022）。

为提高验证效率，本书从前文的 13 个政策主题中随机选取社会保障主题进行鲁棒性检验，该主题的单独回归结果与 13 个政策主题的总体结果相近。在检验中对该主题相关的网页文本数据随机抽取 1%人工标注所属类别，将标注数据作为训练集，对剩下的网页文本进行自动标注，计算出每个政府网页文本与选择主题相关的类别占比。鲁棒性检验输出的机器学习模型，正确率为 0.82，精确率为 0.84，召回率为 0.96，F1 值为 0.89，表示本书所用机器学习算法的性能较好（孟庆国等，2022）。基于上述分类结果建构了扩散速度和扩散程度的相关测度并替换因变量进行回归，回归结果对比情况见表 7.3，以机器学习算法为因变量测度基础的结果与以 LDA 主题建模算法为因变量测度基础的结果的显著性基本一致，从方法层面验证了因变量测量的稳健性。为简化模型，其他方向一致且不显著的变量在模型中已经控制但并未说明。

表 7.3　因变量测量鲁棒性检验

变量		13 个主题 LDA 模型结果		社会保障主题 LDA 模型结果		社会保障主题机器学习模型结果	
		中央政策扩散速度	中央政策扩散程度	中央政策扩散速度	中央政策扩散程度	中央政策扩散速度	中央政策扩散程度
内部经济与行政因素	人均地区生产总值	0.1000** (2.38)	−0.0298* (−1.86)	−0.0087 (−0.06)	−0.0122 (−0.15)	0.3220** (1.98)	0.0871 (0.51)
外部扩散机制	相邻政府扩散速度	0.0121*** (2.97)	0.0028*** (2.98)	0.0158*** (2.97)		0.0159** (2.24)	
	相邻政府扩散程度		0.6960*** (21.15)		0.4840*** (2.80)		0.3990*** (2.88)
其他变量和截距		已控制	已控制	已控制	已控制	已控制	已控制
log-likelihood		−11 227.9	−2 114.6	−911.8	−226.1	−880.8	−399.5

注：log-likelihood 为对数似然值

*表示 $p<0.10$，**表示 $p<0.05$，***表示 $p<0.01$（双尾）

7.3　结果讨论与未来展望

7.3.1　结果讨论

结合表 7.2 呈现的回归结果，进一步对实证分析结果的政策启示进行讨论。

在长周期政策扩散研究中，地方经济水平越高，越容易进行政策扩散与政策创新。本书的研究结果显示，在中央既定政策目标下的短周期政策扩散活动中，经济发展水平较低的地市更愿意快速响应中央政策，并在较短周期内提升特定政策主题的关注度，这一方式并不需要太大的执政成本，但可以竞争更多政治资源。此外，财政资金约束和政治控制手段在短政策周期内并不能有效影响地方遵从中央政策。

从外部扩散机制对中央政策扩散速度的影响结果来看，同级扩散速度具有显著正向影响，上级扩散程度也有显著影响作用。从晋升锦标赛理论出发，地方政府倾向于抢先在具有竞争关系的同级城市之前回应中央政策（周黎安，2007），在表达遵从中央政策的基础上（魏景容，2021），还可以把"全省率先""率先制定"等口号作为政绩进行宣传。上级扩散程度越高反而导致地方政府回应越慢，这意味着省级政府越重视，地方政府越倾向于采取保守策略回应中央政策，这可能与回应水平的门槛被提高有关。从外部扩散机制对中央政策扩散程度的影响结果来看，同级和上级扩散速度越快则地方政府扩散程度越高，上级和同级扩散程度越高则地方政府扩散程度越高。迫于外部扩散速度的压力和追求快速响应中央政策，地方政府可能会在扩散程度上做出取舍。经典政策扩散研究中，一旦地方政府采纳某些政策，则意味着扩散活动的终结，这类研究仅关注创新采纳时间，而不关注扩散的程度差异（Walker，1969；Walker et al.，2011；Berry F S and Berry W D，1992）。本书的研究显示，扩散速度和扩散程度的方向并不一致，从理论上验证了将政策扩散分解为速度和程度分别进行讨论是有意义的，在实践应用上，政策层级扩散也应对扩散速度和扩散程度的方向目标进行平衡，不能一味求快。在扩散程度方面，地方政府在传达和执行中央政策方面与上级政府保持一致，也受到同级政府横向竞争压力的影响。

在短周期政策扩散研究中，关于地方领导干部个人特征影响不显著的研究并不鲜见（刘佳和刘俊腾，2020；杨志和魏姝，2020；文宏，2020）。刘佳和刘俊腾（2020）将领导干部的年龄、任期等个人特征对扩散的影响不显著的原因归结为研究年限较短，在领导干部个人任期普遍为四年的情况下，三年的时间跨度不足以证明地方领导干部的个人影响。正如前文所言，中央政策往往是整体性向全国推进，在这一政策场景下领导干部作为政策企业家在问题构建、议程设置、方案倡议等方面进行创新的影响有限（刘晓亮等，2019；朱光喜和陈景森，2019）。此外，在领导干部四年的任期中，每年的政策注意力可能聚焦于少数几个政策议题，当年可能更多是政策主题对应的分管副市长或者主管局长影响更大，领导干部对于中央政策的回应可能具有一定时滞（朱旭峰和赵慧，2016）。这一结果反映了当前管理体系并不总是实现中央政策贯彻落地的"万灵药"，对于短周期中央政策的落地执行，还需固化政策回应机制，尽快将中央决策纳入政策议程。

7.3.2 未来拓展方向

立足于文本大数据基础分析方法，本书展示了一种通过政府网站数据监测进行政策扩散的新视角。一方面，中央对制度政策落地的重视凸显了监测的重要性，另一方面，政府网站内容的积累和文本挖掘方法的演进使监测具备可行性。在此基础上本章从速度和程度两个维度提出了中央政策层级扩散的测量方法，并进行了基于全国政府网站实际数据的初步测算。当然，必须认识到，从学术研究探索到政策落地监测的全面实现，还需要多方面的努力，在此也提出未来可进一步拓展的若干重要方向。

（1）通过建设全国政府网站内容数据库将监测常态化。逐步考虑纳入各级政府绩效考核体系。基于国务院办公厅的全国政府网站普查抽查机制，在现有的全国政府网站普查平台基础上，进一步采集各级政府网站内容数据，建设全国各级政府网站内容统一资源库；逐步将监测常态化，并进一步从状态监测向内容监测转变；加强内容分析和算法研究，设计反映各级政府履职全面性以及对中央政府工作部署响应程度的各类指标，扩大网站监测的范围，通过政府网站内容监测各级政府运行情况，并尝试将相关指标纳入各级政府绩效考核体系。

（2）根据网站栏目细化主题模型将监测精细化，探索考察地方政府履职情况的方式方法。根据不同的监测场景和目标，进一步细化监测指标和计算方式，考虑政府网站栏目的规范化建设及差异化信息发布，可探索基于不同政策主题的监测模式。例如，通过领导人栏目考察地方政府履职情况，通过市长信箱、政民互动栏目考察地方互动回应情况等。通过监测算法设计的迭代优化，逐步建构能够为各级政府认可的监测体系。

（3）通过融合社交媒体地域数据将监测延伸化，从监测"做没做"延伸到监测"做没做好"。政府网站的内容只是基层政府政策落地的起点，对政策落地效果的最终评价权应在广大人民群众手中。通过融合微信、微博等社交媒体数据，政策落地监测才能真正了解百姓关切的内容，针对特定政策话题测量公众反馈与政府网站内容主题分布的差异，通过情感分析计算公众满意度，逐步打破政策落地监测的数据约束，实现真正意义上的政策落地效果评价。

7.4 本章小结

基于对海量非结构化文本数据的分析，本章验证了短周期内纵向与横向扩散效应以及本地经济和行政因素、领导人特征变量对地方政府政策扩散效果的影响，以验证经典理论中的影响因素在短期内是否有效。混合回归估计结果显示内部经济水平、横向和纵向扩散机制对短周期多主题的政策扩散仍具有显著影响。总体而言，本章的理论探索意义与管理实践启示体现在以下几个方面。

在政策信息学理论探索方面，本书积极推动一种政策科学与数据科学交叉融合的研究新视角，在数据算法结果中寻找指标和问题模型，发现有意义的管理学决策知识。本章以中央政策层级扩散测量为切入点，建立政策要素与基础数据间的宏微观映射关系，实现从数据驱动的算法结果到有价值的管理决策知识的突破，总结突破"中间层"的可行路径。从管理意义来看，网页内容的广泛性可以确保捕捉到政府政策议题注意力的细微差异，相比较概括化的指标更能反映政策执行落实的细节与程度。数据驱动的管理测量也在方法上突破了传统测量技术（调查、专家访谈、人工编码）成本过高的难题和重复性难题（Tolbert et al., 2008），适用于大规模、多存储形态数据。在政策信息学方法方面，本书积极推动将文本数据处理方法应用于政府衍生大数据，并基于机器学习方法小规模验证了本章变量测量的鲁棒性。未来可以结合无监督机器学习、半监督机器学习分析思路，开展多阶段的主题建模分析，通过引入人机协同匹配，在专家判断与无监督机器学习建模所产生的主题间进行人机交互，改进概率主题建模最优适配和结果交叉重叠等问题。从政策信息学学科发展历程来看，政策智能研究可以视为政策信息学的升级，目前正处于萌芽阶段（张楠等，2019），本书结合公共管理学科源流、大规模文本数据、政策落地监测需求以及概率主题建模方法开展政策多维解析，推动进行政策智能化的应用探索。

在政府管理实践方面，在我国多层级政府组织治理模式下，地方政府对中央各项制度政策的贯彻落实是制度政策执行的最终环节，也是制度政策产生效果的前提条件。建立和完善基于政府网站大数据的政策落地监测和决策辅助机制是各级政府部门面临的重要考验，也是践行"用数据说话、用数据决策、用数据管理、用数据创新"要求的重要举措。立足于文本大数据基础分析方法，本书展示了一种通过政府网站数据监测政策扩散的新视角。随着数据科学分析方法与公共管理研究范式在政策信息学框架下的进一步融合，将"有监督"的管理知识和人工判断更有效地纳入"无监督"文本挖掘计算过程，从而提升计算准确度并基于数据刻画更复杂的政府管理与决策行为特征，将是未来政策信息学研究的关注焦点。

第8章 场景应用：政府网站内容数据视角下的政策执行

政府网站内容也可以作为测量和分析多领域政策执行效果的重要参考数据源。对政策执行快速、准确的测量对于政策评估和政策分析意义重大，有助于在政策效果不佳时具体将问题映射到政策过程的具体环节和问题，从而进行有效的应对和调整，这对风险处置的有关政策尤为重要。对现有风险应对政策的"敏捷"描述是政府进行危机政策迅速调整和迭代改进的重要基础和前提条件（严文蕃和韩玉梅，2020；薛澜和赵静，2019）。比如，在经济危机期间，适时调整经济政策是政府进行有效治理的重要手段（周小川，2011）。

本章的研究工作以新冠疫情的风险处置政策执行为具体场景，力图回答"如何'敏捷'测度风险应对政策的执行"，以及"如何'敏捷'描述风险政策执行的特征"两个核心问题。在梳理政策执行理论的基础上，本章对政策执行的测度进行创新，将政府官方门户网站发布的文本内容作为测度政策执行的数据基础，使用政策信息学相关方法测度政策执行变量以回答以上问题。

8.1 理 论 基 础

8.1.1 政策执行理论

政策执行起源于政策过程理论，是政策过程中的必要环节。政策过程，按照主流的理论划分为创始、预评、选择、执行、评估、终止六个阶段（Brewer，1974），其中的政策执行环节在实现政策"从计划到实践的转化"中起到关键作用（Cheung，1998）。

然而在早期的公共政策研究中，政策执行并未得到学界足够的重视。Lasswell（1971）在1950年前后提出了政策科学的概念，长期以来这门学科将政策制定作为主要研究内容。例如，根据经典政策科学范式的界定，政策过程可划分为元政策制定、政策制定和后政策制定三个环节。尽管后政策制定包含政策执行和评估，但并非研究关注的重点。这与当时研究中盛行的假定有关——执行过程是显而易见的，只要政策出台就能够自然地实现预期目标。此外，政策执行特有的边界模糊性，导致界定相关行动主体是困难的，也意味着对政策效果进行测量需耗费大量的时间和资源（van Meter and van Horn，1975）。因此，政策执行研究在相当长一段时期寂寂无闻。

直到 Pressman 等（1982）关于"奥克兰计划"的研究，才使政策执行不被重视的状况得以改变。"奥克兰计划"是美国联邦政府推出的一项就业促进计划，研究揭示出其执行方式背离了政策制定时的设想，未能实现原定的政策目标。在对"奥克兰计划"进行跟踪研究之后，他们将成果写成《执行》一书，引起了更大范围内对政策执行的关注。例如，有研究着眼于美国约翰逊政府制定的"伟大社会"计划，指出执行方式影响了政策目标的实现，也有研究根据其他国家的实践发现了相似问题（Howlett and Ramesh，1995）。以这些研究为起点，在 20 世纪七八十年代兴起了一场"执行运动"，促进或阻碍政策执行的因素成为研究热点。尽管在此后数十年间屡有起伏，但政策执行研究成为政策科学中的重要分支，并一直延续至今。

过去的研究中对于政策执行形成了若干种定义。在开创这一研究领域的 Pressman 等（1982）看来，执行是目标与相应行动之间相互作用的过程。有学者将重点放在程序上，视政策执行为采用法律、上诉、行政命令等形式实施政策决定的过程。Jones（1970）则采取更加综合的视角，一方面认为执行是使目标生效的行动，这与 Pressman 等（1982）的观点颇为相似；另一方面则强调过程中的组织、解释和应用三种活动。本章参考 Jones（1970）的定义，对政策执行的界定侧重于行动导向，即是否有采取使政策目标得以实现的行动，由此与代表能力导向、衡量是否有能力行动的"政策执行力"进行明确区分。

8.1.2 政策执行的理论演进

政策执行研究经过约 20 年的发展，在 21 世纪初期达到了相对成熟的水平（O'Toole，2000），形成了核心的三大研究主题。

第一，相关研究围绕建立分析模型开展探讨。在这一主题下，Goggin 等（1990）界定了第一代至第三代政策执行研究的模式。第一代政策执行研究的代表包括 Pressman 等（1982）对"奥克兰计划"的研究，以及 Murphy（1971）的研究。这一阶段的研究具有探索性质，主要是对单案例进行定性的研究分析（Saetren，2014）。由于通常是对失败案例中的政策执行问题进行分析，因此此阶段的研究被广为诟病之处在于"过度悲观"（Lester et al.，1987），而且未能建立起有效的模型，用于预测政策执行的效果。故此后出现了从第一代向第二代政策执行研究演变的趋势。第二代政策执行研究侧重比较性、演绎性的研发方法，并且更多地利用定量数据进行分析得出结论，代表性成果包括 20 世纪 70 年代中后期开始出现的政策执行理论模型等（Hill and Hupe，2002）。第三代政策执行研究出现在 20 世纪 80 年代末期，相比以往的同类工作，在研究设计上更加严谨，在研究深度上更进一步（Saetren，2014）。第三代研究的特点主要包括：关键变量的清晰定义，基于理论模型的假设推导，应用统计分析的定量研究方法，政策单元内部与政策单元之间的比较研究，较长的时间长度（5 年）（Goggin，1986）。

第二，在不同视角下对政策执行进行研究。在长期的研究中出现了两类迥异的研究视角，分别为自上而下与自下而上。前者的代表学者为 Sabatier（萨巴捷），他主要从行政系统中决策者的角色出发，关注政策的特性、政策实施控制措施等对政策的影响。后者的代表学者为 Hjern（耶恩）和 Lipsky（利普斯基）等，如 Lipsky 在他的著作中着重讨论了街头官僚在政策执行中的重要性。街头官僚的行为使政策执行产生偏离，影响最终效果的实现。概括而言，自上而下视角以决策者为关键行动角色，认为决策和执行是两个顺序衔接的过程，强调决策者对执行过程的控制；自下而上视角则以执行者为关键行动角色，将执行与决策设想为相互交织的过程，突出执行者在政策效果产生中的主导作用（Saetren，2014）。两种视角各有优劣，如前者被认为无法代表现实中复杂的政策过程（Berman，1978），后者则被认为过分夸大了执行者的作用。因此两种视角需综合分析，这也是后期政策执行研究所逐步达成的共识（Howlett and Ramesh，1995）。

第三，还有研究关注影响政策执行的变量。最初进入研究视野的是政策本身的属性及类型。在这一方向上，人们得出的结论为清晰、一致且在政策目标上具有明确优先顺序的政策更有可能取得执行意义上的成功（Berman，1978）。但现实中的政策往往是模糊的，这促使后续的研究转向对组织因素的探讨（Schofield，2001）。例如，Brodkin（1990）认为组织机构是政策赖以产生效果的"通道与结构"，成功的政策需要能够实现组织的共同目标，这更多地反映了对组织本身执行的关注。有学者则将研究重点放在跨组织、跨机构的协调上，其中包括合作、控制、命令等过程（Evans et al.，1985）。此外，Hjern 和 Porter（1981）研究了政策执行前后所形成的特定组织结构的作用，揭示出非正式的组织结构同样可能对政策执行产生影响。

事实上，这三大主题是相互交织的，共同构成了政策执行研究前期的理论图景。然而随着时间推移，盛行一时的执行运动却逐渐衰落了。Schofield（2001）在 20 世纪的研究状况分析中指出，当时的政策执行研究已无法带来新的研究范式，更多的只是过往研究主题的回响。甚至一度兴起的比较研究、长时间尺度研究等第三代范式，也慢慢地消失于主流的视野当中。这一现象背后有其深层次的原因，较为突出的一点在于政策执行研究的复杂性。不同地方乃至不同时间范围的政策执行并不存在普适的模式，曾经对各种理论模型进行的统一的努力，最终也未取得令人信服的结果。然而本书认为，潮流的"执行运动"的衰退，并不意味着政策执行研究的消亡，政策执行研究的数量并非如通常所认为的正在减退，相反其总数正在不断上升。大量研究的关注点落在传统研究的核心领域之外，但仍然围绕着政策执行的话题进行探讨。在教育、医疗、社会服务等政策实践领域，对执行的效果进行系统分析的需求越来越迫切，实证研究相比规范研究在数量上出现攀升的现象，跨学科交叉的特点日益凸显。尽管这种多样性使得统一理论模型目标的实现更显渺茫，但正如 Winter（2015）所说，这一时期的研究在特定的环境下对政策执行理论进行了检验，并寻求方法上的创新，仍然在为发展多年的政策执行领域不断注入新的活力。

总结政策执行研究的发展过程，可将其分为 21 世纪以前的执行研究阶段和以后的执行科学阶段。对于前者而言，主要的研究成果都集中在 20 世纪 70 年代至 90 年代，即第一代至第三代执行研究时期。而执行科学是一个相对宽泛的概念，涵盖大量围绕特定场景下政策效果的优化而开展的实证研究，特别是在医药卫生、教育文化等方面的成果较多。这些研究可能并未直接与作为经典理论的政策执行建立联系，但其内涵依然与早期的执行研究一脉相承。而新冠疫情需要政策的快速回应，这能够充分展现政策执行的特征，回应传统政策执行领域提出的问题。

8.1.3　政策信息学方法

迅猛发展的人工智能、大数据技术催生了政策信息学的新兴学科，为政策分析的智能化、精准化、动态化注入了动力（张楠等，2019）。而大数据技术的快速迭代与日益广泛的应用，进一步带动了政策信息学向政策智能演变。在这样的背景下，政策信息学在政府管理中的深层次应用已有诸多探讨。政策执行的"敏捷"描述在传统方法层面是难以度量的，特别是难以精细化、动态化度量，通常需要经过相当长的时间，在回顾评估政策实施过程时才能做出模糊的评价。本章提出的方法能够基于政府网站内容文本实现对政策执行的实时、精准量化，预期能够解决政策执行测度模糊的问题，并具备深入开发应用的可能。

文本分析是测度政策执行的可行做法，已有相当数量的研究基于此开展探索。例如，阎波等（2020）通过将文本分析与案例研究相结合，提出了跨案例比较的研究路径。根据他们的观点，以往关于环保政策的案例研究受限于方法的使用，缺乏对地方政府组织运作过程的解读（王惠娜，2017），他们使用的基于文本分析的跨案例比较法，主要是对政府信息公开目录、相关公报、统计年鉴等进行编码，根据目标、主体、手段、效果等编码单元的出现次数对相关政策的强度进行量化，能够在一定程度上构建概念、提炼规律、创建理论。通过他们的研究可以初步看出文本分析法的应用前景，但信息公开目录、相关公报、统计年鉴等文本来源较为局限，不能直接与政策执行的行动相关联，同时研究对象范围有望继续加以扩大。

结合大数据发展所带来的新技术手段，部分研究开始从更加精细、实时的层面进行测量及研究，典型的模式为政策文本量化研究。张国兴等（2020）利用主题建模方法对政策文本的主题、强度、关联度等进行了测量，揭示出其中蕴含的执行特征差异，论证了大数据手段在量化政府执行方面的可行性。吴宾和齐昕（2020）在政策文本量化研究上开展了探索性的研究，进一步结合模糊-冲突模型，就如何用大数据手段量化政策执行提供了方向。

本章提出一种基于政府网站内容文本的政策执行量化方法。我国政府网站建设起源于 20 世纪 80 年代的办公自动化工程建设，1998 年第一个政府网站"青岛政府信息公开网"建立。21 世纪以来随着《国家信息化领导小组关于我国电子政务建设指导意见》《国家电子政务总体框架》《国务院关于加快推进"互联网+政务服务"工作的指导意见》等文件的出台，我国政府网站建设稳步推进。过往对于政府网站的研究，可分为网站建设管理、网站作用价值两个层面（胡承立和张韦，2011），鲜有研究将政府网站内容作为政策执行衡量的指标。但事实上，根据信息公开的相关政策，并随着信息公开内容的不断细化，政府网站内容的丰富性不断提高，如包含政务服务、产业改革、社会治理等信息（张晓娟和刘亚茹，2017）。政府网站内容文本涵盖以往研究使用的公报、年鉴、政策等，还包括政府对政策执行行动的报道。这种测量方式包含丰富的信息，不仅能够直接指向行动，还能够反映政策执行过程中的一系列复杂活动。整体文本内容庞杂，需要从中提取文本主题，进行自动分类，为下一步的量化计算建立基础。在这一方面，上文提及的文本主题建模、有监督机器学习方法能够有效地达成目的。因此，针对政策执行的测度，本章提出的方案是借助文本自动分析技术对政府网站内容文本进行量化，在特定的政策主题上分析政策执行对政策效果的影响。该方法预期具有一定的合理性与优势，通过结合政策执行网络的框架，能进一步反映网络效应的影响。由于用于构建政策执行变量的有监督机器学习方法要求对政策类型划分类别，结合应对疫情的实际政策场景，本章定义的类别分别为疫情防控、复工复产、其他文本，并基于前两个类别的分类结果对政策执行相关变量进行测量。

8.2　基于文本分析的测度构建

8.2.1　数据来源

数据来源于合作单位广东开普互联信息科技有限公司（以下简称开普互联），包含贵州省、市、区三级政府官方门户网站每日动态更新的网站内容。开普互联是行业内资深的云计算解决方案及服务提供商，专注于非结构化数据的全生命周期管理，包括智能数据采集、数据基础融合与清洗、大数据分析等，拥有超过 20 年的大数据挖掘分析技术经验。公司长期开展互联网信息采集、异构数据集成、语义分析挖掘等业务，自主研究开发了全国政府网站信息报送及监测系统，为我国政府网站提供持续性的网站监测服务。

本章使用的贵州省政府网站数据由开普互联依托自身的政府网站监测系统与云服务技术提供，事先经过数据安全认证，确保可对外公开。数据时间跨度为2019年1月1日至2020年12月31日，该时间范围设置主要是考虑了数据质量及研究需要。监测系统在2018年以前采取回溯式的数据采集手段，即在某个时间点对过往特定时间段的数据进行一次性抓取，故可能存在数据缺失、更改问题；2018年以后改为每日24小时动态采集，并采用迭代优化过后的采集算法，数据质量得到更进一步的提升。此外，2019~2020年包括了新冠疫情发生前后的数据，预期在主题的针对性与丰富性上有良好表现，适用于对数据进行精细的主题刻画，发现与疫情相关的研究主题，并围绕相关的政策执行建立计量模型。

本次收集的数据包括贵州省及其10个市（州、国家级新区）、86个区（县、市）共97个政府官方门户网站数据，其中剑河县、惠水县数据缺失。政府官方门户网站是指名称为某地人民政府的网站，因系统监测采集的内容广泛，为确保数据能够代表政策执行情况，研究在开展之前对数据所属栏目进行了归纳分类。出现频率较高的栏目包括首页内容、概览信息、工作动态、政策文件、政策解读、回应关切、在线访谈等。由于政府网站的功能特点，数据包含一部分的重复性内容，如信息公示公开、业务办理流程等，给以分析政策动态为目标的文本挖掘带来了一定的干扰。因此对同一网站在相同日期发布的重复标题进行去重处理，相同数据仅保留1条，有效降低重复信息对分析的影响。

原始数据总量为334.53万条，其中省级数据14.10万条，市级数据63.57万条，区级数据256.87万条，经过筛选后数据总量降至170.82万条。每一条数据代表一条政府网站页面信息。监测系统在运作时通过动态采集的方式，实现对政府网站内容发布行为的全天候监测识别，自动解析政府网站发布的信息，记录多个字段值后存入数据库。根据研究需要，本章从合作方收集的网站数据共包含15个字段，自左至右依次为标题、发布日期、省级代码、市级代码、区县代码、网站名称、是否为门户网站、发布机构、发布地址、信息资源摘要、文号、发文单位、网站标识码、关键词、正文内容。其中正文内容一栏包含信息的具体内容，为本章主要的分析数据。数据原始存储格式为.csv文件，由于数据量庞大，后续操作过程使用MySQL数据库作为数据存储、管理、汇总的工具。

原始数据的正文内容中仍包含个别无关信息，如个别超链接、顶端与底部标识等，需进一步进行清洗处理。根据主题建模原理，在分析过程中无须依赖标点符号、数字等，所以清洗处理主要是去除数据正文内容中包含的英文、数字、标点符号、空格等，仅保留中文字符，以改善后续的分析结果。经过数据清洗操作后，将处理后的正文内容用作主题建模分析。

8.2.2 政策执行测度构建

该步骤主要解决的问题是筛选与疫情有关的文本数据,关键在于"找全"。文本主题模型是一类用于生成文本主题的大数据分析方法,由于不依赖于人工监督,能够避免主观认定产生的遗漏问题,因此在该步骤中本章使用主题模型进行筛选。首先通过无监督机器学习主题建模方法确保"找全"的效果,然后通过半监督机器学习主题建模方法,定义与疫情有关的主题,分析其随时间变化的情况。

第一阶段的无监督机器学习主题建模选取 LDA 主题模型。相比于其他文本主题模型,该模型应用较为广泛,能够得到较可靠的主题生成效果。该模型需要对数据进行必要的预处理操作,如分词、词根处理、去除停用词等。先建立停用词词典与分词词典。鉴于政府网站内容专业性较高,参考政府网站及疫情相关文本计量研究中的词语词频统计结果,建立自定义词表,确保分词的效果。分词采用中文文本分析常用的 jieba 分词工具,结合停用词词典与分词词典对模型进行优化。进行数据预处理后,非结构化的文档都被表示为由若干词语构成的向量。随后进入最优主题数选取的步骤。

尽管 LDA 主题模型属于无监督机器学习主题建模方式,能够实现对文本主题的自动分类,但文本主题数的确定仍依赖于人工。在模型包含的若干参数中,主题数是对主题抽取效果影响较大的参数(曹晨等,2022)。最优主题数的选取方法总体上可分为主观与客观的方法。主观方法指的是研究者根据研究目的,分别输入不同的主题数完成多次主题建模的过程,对比分析历次建模得到的主题结果,判断对研究开展最有利的主题数,将其确定为模型的最优参数。客观方法指的是利用客观指标辅助选取最优主题数的过程。过往研究基于 LDA 主题模型分析的原理,提出多个指标用于判断主题建模效果,最常用的包括主题困惑度、主题一致性得分。其中,主题困惑度是指依据建模后得到的主题模型,尝试划分文档主题时的不确定程度。因为 LDA 模型是一种概率估计模型,其实现方式是将主题分类任务转化为概率生成任务,所以主题困惑度指标直接对应 LDA 模型的生成原理,在实践中得到了较广泛的应用。主题困惑度的数值越低,代表模型效果越好。主题一致性得分是指主题提取完毕后,每个主题下高概率词汇语义上的一致程度,能够反映主题的可解释性以及单一性,是主题分类效果重要的判断指标。通常主题一致性得分越高,代表模型效果越好,可以反映出最优主题数(Röder et al., 2015)。此外,似然值也是判断模型好坏的一种客观指标,似然值越大,模型效果越好。

本章采取主观方法与客观方法相结合的综合方法,判断模型的最优主题数。首先引入客观指标作为前期判断依据。鉴于每个指标都有各自的优点与缺点,本章的研究排除了惯常使用的单一指标判断方法,综合使用主题困惑度、主题一致性得分、似然值三个指标以作交叉对比分析。研究所使用的分析数据属于政府官方媒体发布的内容,与政策文件具有较高的相似性。参考政策文件主题划分数量,以主题数 10~70 作为主题测试范围。测试步长为 10,代表每隔 10 个主题数进行一次建模分析。交叉验证折数设置为 5,代表每个主题数进行 5 次重复试验,将通过试验得到的平均值作为该主题数表现得分,绘制指标得分曲线(Savin et al., 2022)。

在最优主题数确定后,按照表 8.1 的参数设置,提取主题得到主题关键词列表(主题下最相关的词语)以及文档-主题概率矩阵,得到每条数据属于对应主题的概率,并对分析结果进行解读。基于前文得到的结果即主题与关键词、主题与政务大数据的关联信息,确定每一主题代表的含义。在分析中,根据关键词的内在关系,可以对含义相近的主题进行合并,在每一主题大类下划分子主题,以获得对主题更加准确的了解。主题强度通过大类主题的相关性总和来测量。

表 8.1　LDA 无监督机器学习主题建模参数设置

参数	取值
主题数	50
最大特征词数	5 000
最大出现比例	0.9
最小出现条数	5
学习方式	网上学习
迭代次数	100
抽样条数	400 000
学习偏移量	50

第二阶段的半监督机器学习主题建模选取相关解释(correlation explanation,CorEx)模型。该模型的特点是能够接收用户输入的词汇(称为锚点词)组合,围绕锚点词以层次化建模的方式构建主题模型,使得到的主题能够跟锚点词组合一一对应,实现指向性的主题建模分类效果。该方法允许调整锚定强度,使主题分类结果朝着更加接近或远离锚点词的方向转移。在建模前,应先根据前文得到的主题关键词列表,结合其他文献调研结果梳理锚点词列表。按照表 8.2 设置模型参数,根据锚点词列表进行半监督机器学习主题建模,分析主题-关键词相关性矩阵以及主题文本相关性矩阵。

表 8.2　CorEx 半监督机器学习主题建模参数设置

参数	取值
主题数	50
最大特征词数	20 000
锚定强度	5

有监督机器学习的主要目的是基于筛选后的文本数据，构建政策执行变量，实现对政策执行的量化，关键是"算准"。由于主题模型包括一系列由混杂主题所组成的结果，且主题的含义依赖于主观认定，定量意义上的精确性不足，因此本章还引入了有监督机器学习，采取两种方法结合的方式完成政策执行测度构建。有监督机器学习的基本原理为人工标定一定规模的训练集，随后由程序基于训练集的分类标注自动完成目标数据集（称为测试集）的分类。

在变量构建方面，具体步骤为先筛选后分类。首先根据 LDA 无监督机器学习主题建模结果，筛选应对疫情主题下主题概率值大于 0.01 的文本。随机取其中的 1000 条数据，人工标注其所属的类别。本章的研究标注的类别共分为三类，其中 1 代表其他政策执行文本，2 代表防控政策文本，3 代表复工复产政策文本（表 8.3）。对 1000 条数据标注三次以做平行对照，对比三次标注结果后随机取 100 条标注结果不一致的文本，再次进行人工标注处理。将总共 1100 条标注数据作为训练集输入程序，运行程序对剩下的应对疫情相关文本实施自动分类，计算分类后各类文本数量与总文本数量的比值，用复工复产政策文本比例减去防控政策文本比例，得到其他政策执行文本的数值。通过主体建模与机器学习方法的结合，确保数据处理的"全"与"准"。

表 8.3　训练集标注示例

文本标题	发布时间	类别
《扶贫车间为留守贫困人口搭建就业新平台》	2019 年 1 月 3 日	1
《省应急厅超前谋划低温雨雪凝冻天气防范应对工作》	2020 年 1 月 27 日	1
《贵州下发通知，影剧院、歌舞厅、棋牌室、网吧等公众娱乐场所一律暂停运营，非必要的聚会、宴席等活动一律暂停举办》	2020 年 1 月 26 日	2
《我县召开 2020 年重点项目和重大工程建设工作安排部署会议》	2020 年 2 月 11 日	3
《季节来临：新南镇疫情防控春耕生产两不误》	2020 年 2 月 12 日	3

8.3 政策执行分析结果

8.3.1 政府网站主题分布

基于政府网站文本数据,探讨疫情相关政策的主要关注点。要得到主题分布结果,首先要确定最优主题数。从指标曲线中看到,三个指标均呈现单调趋势(图8.1),其中主题困惑度指标一直上升,主题一致性得分、似然值指标一直下降,均与效果改善的方向相反,代表随着主题数的增加,模型测试效果降低。出现这种现象可能是因为数据集庞大,使用普通的基于抽样的分析方法难以准确计算模型效果。这一结果还有可能意味着较少的主题数效果更好,因此以计算得到的指标曲线为参考,结合主观法进行判断,即在主题语义可解读的前提下,选取尽可能少的主题数。通过多次主题建模结果的对比分析,发现主题数为 50 时,能够得到相对单一的疫情防控主题,有助于后续的深入分析。因此,最终将 170.82 万条经过筛选后的政府网站数据分为 50 个主题。

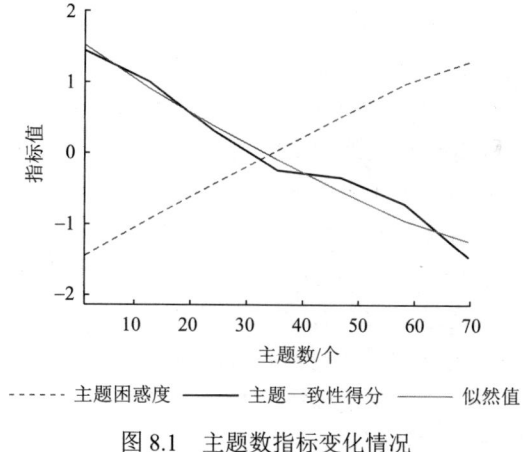

图 8.1 主题数指标变化情况

按照 50 个主题数的参数设置,调试并运行程序后得到主题-特征词权重矩阵以及主题-文档概率矩阵。其中,主题-特征词权重矩阵中的数值代表在特定主题下某个词语的权重,主题-文档概率矩阵中的数值代表文档属于特定主题的概率,同一文档归属于各主题的概率之和等于 1。根据所得到的主题-特征词权重矩阵和主题-文档概率矩阵可以得知,50 个主题分别反映了贵州省各级政府在 2019 年和 2020 年所开展的若干项重点工作,如"弱势帮扶""主题教育""市场监督"等。主题-特征词矩阵如表 8.4 所示。

表 8.4 主题-特征词矩阵

主题（部分）	主题特征词
防控	防控、复工复产、物资、消毒、口罩、检测、防护、隔离
弱势帮扶	脱贫攻坚、扶贫、贫困、群众、搬迁、帮扶、易地、保障、农村、精准
主题教育	学习、教育、党员、精神、主题、干部、使命、初心、政治、中央
经济建设	企业、投资、项目、经济、工业、招商、统计、增长、金融、消费
农业农村	产业、发展、农业、农产品、合作社、农村、种植、基地、建设、经济
安全生产	应急、安全生产、检查、消防、灾害、隐患、事故、排查、整治、责任
市场监督	市场监管、执法、监管、食品、药品、行政执法、知识产权局、经营、产品、价格
财政监管	支出、预算、收入、财政、单位、决算、年度、经费、拨款、"三公"
教育教学	教育、学校、学生、小学、教师、教育局、中学、幼儿园、教学、校园
医疗卫生	卫生、医疗、健康、医院、药品、医保、保障、中医、管理、疾病
就业促进	就业、培训、社会、劳动、补贴、创业、职业、技能、社会保障、岗位
生态保护	环境、生态、污染、空气、整治、监测、治理、环保、用水、污水

以主题概率的总和测量主题的强度，可以看出贵州省政策的关注重点。农业农村主题强度最高，反映出贵州作为农村比重较大的西部省份的现实情况，也同中央对"三农"问题的强调高度一致。弱势帮扶主题强度排名前列，一方面体现出弱势帮扶任务的艰巨，另一方面也体现出贵州省打赢脱贫攻坚战的坚定决心与有力行动。主题教育是 2019~2020 年的一项重点工作，政府网站与此相对应的主题强度排名第三。政治能力强不强，从根本上决定了其他工作能否落实到位。这一结果体现出贵州省坚持强化政治引领，将主题教育成果化为做好工作的实际行动。其他主题按照强度排序依次为防控、安全生产、市场监管、生态保护、财政监管、经济建设、就业促进、教育教学、医疗卫生等，覆盖经济、政治、文化、社会、生态等领域，达到预期反映两年间贵州省各级政府网站内容全貌的效果。LDA 无监督机器学习主题建模的结果，说明了方法的可靠性，同时为下一阶段的半监督机器学习主题建模的梳理锚点词列表提供了参考。例如，从防控主题下可以得到该主题的高频词汇，从而确定该主题词的锚点词列表。

防控在所有主题中显示出了较高的强度。在该主题下，防控、复工复产等词语权重较大，说明这两方面是疫情相关政策的主要关注点。由于建模过程中没有特意区分时间因素，而是将两年的数据同时输入并进行分析，故在结果中看到防控和复工复产关键词都位居主题词前列。实际上，随着疫情防控形势的变化，每个阶段应有不同的政策侧重点，有针对性的政策更有可能取得良好效果。疫情主题下的其他词语包括物资、消毒、口罩等，与疫情主题关联度强，从主题内部的角度证明了建模的有效性。按照主题-文档概率矩阵中文本属于防控主题的概率排序，发现高概率文本与疫情均高度相关，包括知识科普、政策发布、信息通报、动态播报、精神传达、榜样宣传等。这说明 LDA 无监督机器学习主题建模能够提取有效的主题，但把防控有关的子主题均糅合在一个主题中，下一步可以通过细分主题的方式研究政策重点的具体变化。

8.3.2 疫情相关主题分布

前文得到的主题结果虽然相对清晰，但无法区分疫情防控相关子主题的信息，精细程度仍需加强。本节在 LDA 无监督机器学习主题建模基础上，引入 CorEx 模型进行半监督机器学习主题建模。为此，本节将前文得到的主题词重新归类，结合其他疫情政策文本分析研究（邓雯等，2022；郑石明等，2021；闫盛枫，2021），得到锚点词列表（表 8.5）。在模型中输入锚点词列表，设置模型参数，运行 CorEx 半监督机器学习主题建模。

表 8.5 锚点词列表与实际验证结果

类别	主题	锚点词	实际验证结果
疫情防控类	总体部署	病毒 新型 感染 症状 冠状病毒 新型冠状病毒 接触 发热 武汉 感染 传染 传染病	是
	社会动员	防控 防疫 抗疫 群众 党员 一线 众志成城 打赢 阻击战	是
	防控措施	社区 关闭 检测 排查 隔离 控制 管控	是
	医疗救助	医疗机构 医院 医疗卫生 药品 患者 医护 一线 医疗队 防控 医护人员	是
	物资保障	物资 防护服 口罩 检测 疫苗	是
	慈善捐赠	捐赠 爱心 红十字 捐款 红十字会 十字 慈善 民政	否
	病例公开	报告 确诊 病例 确诊病例 感染 输入 死亡 旅居 小区 场所 风险 治愈 出院	是
	防护手段	消毒 野生动物 口罩 防护 体温 接种 疫苗 免疫	是
复工复产类	复工复产	复工 复工复产 企业 务工 返岗	是
	学校复课	学生 学校 开学 小学 校园 教学	是
	社保纾困	失业 参保 社会保险 保险费 缴费 返还 补贴 减免 社会保险费 养老保险 贷款	否
	项目投资	重大项目 投资成本 投资项目 项目建设 投资政策 签约 恢复 生产投资 项目招商 引资 招商引资 消费 项目投资	否
	经济运行	产业 规划 指标 经济运行 社会发展 增长 国民经济 就业 经济 工业 贸易	否
	产业发展	能源 改造 高新技术产业 旅游 种植 春耕 农业	否

注：实际验证中，"是"指锚点词筛选出的文档确实均属于同一主题的情况，反之为"否"

与 LDA 模型类似，CorEx 模型输出结果包括主题-词语相关性矩阵，主题-文档相关性矩阵。不同的是，各主题分别与锚点词列表中每行词语组合具有对应关系。此外，对于每篇文档，CorEx 模型计算的是该文档与特定主题的相关性，而非属于该主题的概率，因此同一文档所有主题下的相关性值加和不等于 1。依据相关性，CorEx 模型还会输出对每篇文档所属主题的判断，同一文档可归属于多个不同主题，较接近现实的情况。

在得到 CorEx 主题建模结果后，利用其半监督的特性，对研究事先定义的疫情相关主题进行验证。疫情防控类别中，总体部署、社会动员、防控措施、医疗救助、病例公开、防护手段等主题均得到数据支持；复工复产类中，复工复产、学校复课主题得到验证。其他主题的聚类效果不佳，特征词缺乏明显的一致性，可能是主题文本数量较少且与其他主题混杂导致的，相关情况与表 8.5 一致。从半监督机器学习主题建模的结果中可以得出防控主题的子主题，主要分为疫情防控与复工复产两个类别。结合车流量先下降再上升的趋势，认为对疫情防控的强调将导致车流量下降，对复工复产的强调则带动车流量回升。因此下一步继续引入有监督机器学习，基于政府网站内容文本以及 CorEx 半监督机器学习主题建模提供的分类依据，构建政策执行变量，研究其与车流量所代表的政策效果的关系。

8.3.3 政策执行地区间差异分析结果

分析省级政府网站的文本比例变化，发现疫情防控及复工复产文本比例的时间演变趋势与现实情况基本吻合。如图 8.2 所示，2019 年，贵州省人民政府网站中疫情防控与复工复产的文本比例都基本保持为 0，说明有监督机器学习的方法能够排除其他无关文本的干扰，准确量化疫情防控与复工复产文本的比例。2020 年初新冠疫情突然暴发，疫情防控文本比例开始快速上升并达到峰值，接着开始迅速下降。几乎在最初防控阶段过去的同一时间，对复工复产的政策关注就已经开始出现，其文本比例的峰值出现在疫情防控峰值之后。由于在分类中，未强调复工复产的文本均划归到其他政策一类，当复工复产取得阶段性成果，政府将执行的重点重新转向综合领域以后，复工复产的文本比例也出现回落。在进入常态化防控阶段后，疫情防控与复工复产的文本比例都维持在低位波动的状态，代表政府工作逐步恢复日常状态，但仍维持着对新冠疫情的关注。复工复产文本比例相比疫情防控在长时间内保持在较高水平,符合经济社会恢复具有长期性的判断。程序反馈的指标计算结果显示，通过无监督机器学习和半监督机器学习分类的准确率达到 79%，处于较高水平。

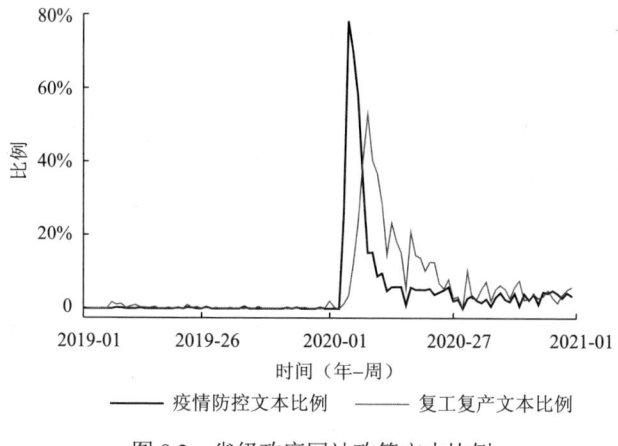

图 8.2 省级政府网站政策文本比例

8.4 本章小结

本章的研究是在政策信息学启发下应用新兴的人工智能、机器学习等技术进行政策分析研究的有益尝试。

理论上，本章以"敏捷"描述风险社会中危机情境下的政策特征。以往研究在政策执行描述方面往往只能针对主体中的个体层次或者组织层次开展政策执行研究（Saetren，2014；Milward et al.，2010；刘润秋和黄志兵，2021），而本章尝试从更加广泛的对象范围以及海量数据分析的层面提炼政策执行规律，因此在概念使用上并未沿用以往用于表述政策"偏差"的话语，而是将重点放在政策执行的敏捷性层面，从而为通向更加活跃、有效的政策执行和政策评估建立基础。这样的政策执行描述完美迎合了敏捷治理的理论需求（容志，2022；薛澜和赵静，2019）。

和以往对单一政策进行长期评估的方法（刘润秋和黄志兵，2021；李冬雪等，2020；马海群和冯畅，2018；赵莉晓，2014），以及长时间静态化的政策评估方法不同（刘玮辰等，2021；吴宾等，2019），本章实现了危机情境下的细化数据的快速评估，对包括各级政府网站文本数据、实时采集的交通大数据在内的多源异构数据的融合进行分析，使分析能够深入到以天为单位的时间尺度，展现政策执行网络的动态图景。同样，在数据可以支撑的情况下，我们也可以将"敏捷"政策评估推广到政策创新等其他风险情境中。

本章是对公共衍生大数据应用的重要创新，为"敏捷"政策评估的实现提供了可行路径。在大数据的分析利用方面紧跟近年来的研究趋势,进入到大数据因果分析的层面,深化大数据分析技术的应用程度。通过应用文本主题建模、机器学习等多种数据分析技术相结合的混合研究方法,本章对政府网站数据、交通车流大数据的融合进行分析,为如何有效利用公共衍生大数据提供了借鉴,对治理的科学化、智能化、网络化发展具有启发意义。

第9章 未来展望：从政策信息学到政策智能

《国务院办公厅关于加强政府网站信息内容建设的意见》的颁布开启了全国政府网站管理新篇章，距今已经过去了十年，在集约优化的指导思想下，全国政府网站总数虽然从10万个降至1万余个，但高质量信息的更新频次和传播能力均大幅提升。加上政务微博、政务微信等新媒体平台的内容，中国各级政府的所有公开政务活动、政策的制定与扩散过程、与公众的政民互动均体现在每日更新之中，这本身就是具有公开属性、价值巨大的稳定数据源。本书仅是将政策信息学方法论应用于上述数据分析，无论是政府网站数据的深度分析利用，还是政策信息学方法论的迭代演进，均有更为广阔的发展前景。

9.1 决策支撑是数据赋能政府治理的新方向

"十三五"和"十四五"时期既是政府网站面貌改变的十年，也是"互联网+政务服务"快速发展的十年。在政务服务领域，数据赋能在技术工具、运作流程优化、组织结构重组、职能方式转变、理念思维转型等多层次产生实际效果。结合数字化技术发展的新特点与中国式现代化特征和本质要求所决定的治理需求，围绕决策支撑目标的政策信息学和政策智能探索将是数据赋能政府治理的重要新方向。

当前，与在政务服务和政府运行中取得的赋能价值相比，数据在政策决策领域的有效赋能仍较为鲜见，但其潜在价值是巨大的。政策信息学旨在面向日益复杂的公共管理与政策议题，提供大数据分析的解决方案，以数据驱动政策过程的迭代优化；政策智能是在此基础上将人工智能技术体系化地嵌入政策制定、分析、实施、反馈流程中的政策决策创新。针对政策决策动态性、非线性、混杂性等多方面挑战，基于大数据、认知计算、混合智能、深度强化学习、因果推断等技术手段，采用更加主动、全面的视角，面向未来可能发生的场景和情境进行积极的推演预测和前瞻性分析是大势所趋。对国家治理多场景、多模态、动态性大数据的全面收集和多维解析，有助于全面掌握社会公众需求和社会问题，精准测量和智能推演政策实施效果，为政策制定提供技术支撑，提高决策的精准性、科学性。数字技术在国家治理中更加广泛的应用，必将推动治理理念从传统治理向现代治理、从经验治理向科学治理、从定性治理向循数治理转变，提升治理的科学化、智能化、精准化水平。

9.2 大语言模型技术突破带来的新机遇

近来以大语言模型为代表的生成式人工智能技术的进展也带来了"将人工智能应用于国家治理"的更多空间。2022年11月，人工智能实验室OpenAI发布了对话式大型语言模型ChatGPT。作为基于生成式预训练（generative pre-training，GPT）技术迭代发展而来的应用产品，ChatGPT以其出色的语义理解和知识表达能力惊艳全球。尤其在基于GPT-4内核的新一代产品面世后，其对多模态知识和技能的理解和运用能力再次成为应用领域关注的焦点。ChatGPT"出圈"是大模型自然语言处理技术正式走向应用领域的里程碑，此后国内市场呈现"百模大战"的局面，大语言模型成为人工智能技术竞争的新焦点。

如果说大数据技术的发展所带来的政策决策过程中数据获取能力与分析能力的提升催生了政策信息学的诞生，那么人工智能技术开始体系化嵌入到政策分析则是政策信息学向政策智能跃迁的关键（曾大军等，2021）。政策智能着眼于在挖掘数据和模型价值基础上寻求人工智能技术的应用延展与方法改进。与日益复杂的公共管理问题催生的政策信息学一脉相承（张楠等，2019），政策智能试图解决的也是管理学视角下新技术在政策决策过程中的应用问题，这一问题是通用人工智能如何更好适用于公共管理领域的问题。

大语言模型所取得的技术进步是典型的通用人工智能进展。一方面，这对政策智能的理论探索和实践迭代无疑是宝贵的助力。目前在公共管理与政策领域以自然语言处理技术为底层方法的研究大部分采用以专家知识修正无监督机器学习或以算力辅助有监督机器学习的路径，这些以融合无监督机器学习与有监督机器学习优势的半监督机器学习策略基本还处于GPT-1的阶段，规模效应带来的自然语言理解能力能够帮助政策决策者和研究者进行更复杂的海量文本知识提取，同时新的交互方式也将极大降低政策推演研究的门槛，具有复杂参数、较长时间周期的政策推演有可能通过对话设置的方式借助GPT-4的强大处理能力实现。可以预期，在大语言模型出现后政策智能研究的进展将提速。

另一方面，我们也必须认识到，虽然大语言模型在某些方面展现出了强能力，但要实现特定领域专业化的目标间还有一段路要走，政策智能研究将是加快这一进程的助推器。既有研究指出大语言模型技术路线存在的一些局限（Zhang and Li，2021）：①作为以语料数据为主要输入的自然语言处理模型，大语言模型在不同领域的表现存在差异，会在部分问题上给出似是而非的答案，考虑到实际政策决策领域的容错性，进一步明确优劣势可能是应用的前提；②大语言模型目前在处理复杂冗长的专业语言结构方面还有所欠缺，简单依靠专业领域语料"喂食"可能不足以解决这些欠缺，这就不可避免地面临与公共管理领域既有知识体系对话的问题;③网络文本数据本身存在偏见和分歧,在当今网络政治观点极化的背景下,这样的分歧还在扩大。完全以语料为输入的人工智能产品可能无法调和这些观点,面对复杂的公共管理与政策问题,简单依靠声量权重或观点中和的计算可能依然偏颇,这也使得大语言模型进入公共领域进行专业问题处理时并不令人放心。从目前已知资料来看,大语言模型主要仍然是在训练规模、多模态输入、输出以及交互体验等方面有所突破,并未根本解决上述问题,总之大语言模型在政策信息学与政策智能领域应用的机遇和挑战并存。

9.3 面向新情境的政策信息学

就像人类有优缺点一样,ChatGPT作为一个人工智能产品必然也存在不同方面的强弱差异,蓬勃发展的各类国产大模型产品也同样会有侧重差异,即便综合能力落后于ChatGPT,也可能应用于特定领域政策过程中的某个环节。而要找到合适的点位,则需要对政策决策有细粒度、全方位的深刻理解。因此,基于大数据方法,从全局视图、粒度缩放、跨界关联等视角开展政策多维解析研究是实现通用人工智能技术进入公共管理与政策领域的重要一环。这恰恰也是政策信息学在新情境下的新价值。

公共政策研究中多学科源流的基础、大数据管理环境多源异构的数据属性、政策信息学多方法融合的特征、复杂政策建模与计算多维度输入的需求从不同角度彰显了开展政策多维解析的重要意义:首先,公共政策的复杂性和多学科源流需要从不同维度、不同粒度进行深入政策解析;其次,大数据社会环境的发展与国家对大数据管理的重视为基于数据的政策多维解析提供了实现的可能性;再次,政策信息学和政策智能将通用人工智能导入专业领域的发展重心决定了其将聚焦于政策多维解析;最后,政策推演模型构建和政策智能迭代发展需要根植于政策多维解析。

我们至少可以从两个大方向去理解政策信息学未来的解析维度。一是关注政策决策的全流程。围绕政策议程设置、政策工具选择和政策执行实施初期的协商过程与敏捷治理迭代等不同阶段进行关键要素识别,探索各阶段针对差异化政策目标的关键要素,并引入差异化人工智能辅助的关键理论;二是关注政策主体的外延。政策问题的复杂性决定了政策分析必须突破单一的"就事论事"逻辑,向原因层延伸到复杂政策环境的构建,向结果层延伸到经济、社会、文化、环境的刻画,使政策解析立体化,这也有助于通用人工智能对海量知识处理能力的发挥。当然,在上述两个方向之外,政策信息学的解析维度也将随着应用的深入迭代而丰富。

9.4 立足交叉融合的政策智能

政策信息学向政策智能的发展，需要从人工智能技术视角与公共管理理论视角进行深层次的迭代互动。实际上，尽管大数据和人工智能研究者一直对领域知识引入抱有积极态度，但是由信息科学驱动的人工智能前沿应用与管理学在公共管理和公共政策领域已发展形成的既有理论间尚缺乏充分的深层次对话。从管理学视角看政策智能的发展，亟待从管理学理论基础视角进行探索。这包括演化和建构两个维度（张楠等，2022）。

演化维度的重点在于重新审视人工智能时代的管理学基础理论。在当前的政策智能萌芽期，相关智能工具的理论输入不仅应包括术语和篇章，还要关注核心基础设定和适用场景，这是规律运行的前提。管理学研究者需要尝试审视和讨论若干管理学经典理论涉及的基础设定和适用场景，评估潜在变化对理论内涵、外延的影响。特别是重点关注政府管理者信息获取和处理能力有限性、政府与公众信息处理能力差异等设定变化后引发的理论冲击，尝试探索政策智能环境下公共政策与公共管理的关系演化。这对人工智能嵌入管理决策过程至关重要。

建构维度的重点在于基于公共价值判断建构政策智能基本规则。面对当前观点极化的网络舆论环境，坚持公共政策的价值导向尤为重要。公共政策领域具有低容错性，必须尽可能避免类似"大数据杀熟""困在算法里的外卖小哥"等商业领域智能算法应用的困境案例在公共政策领域重演。在西蒙的学说中，事实要素与价值要素的区别、政策问题和行政问题的区分、手段-目的框架等是建构政策智能理论的基础（何艳玲，2018）。未来政策智能研究可能需要尝试打破传统公共管理视角对大数据、人工智能技术的"黑箱化"和价值理性、工具理性的简单二元分析逻辑，人工智能技术在政策领域的应用逻辑是从决策价值判断中不断剥离重复性事务工作，在决策中坚持价值导向的前提下，探索人机协同的混合政策智能决策模式。

人工智能技术的进展必将使其更广泛地应用于政策决策领域。政策智能的研究某种程度上就是要做好这一进程的助推器。国家自然科学基金委员会于2022年设立的重大项目"政策智能理论与方法研究"仅仅是一个开始，相关研究的内涵与外延还有待进一步厘清。开展相关研究则需要秉承学科交叉融合的基本思路，用人工智能技术解决公共管理与政策学科固有的理论问题，引入公共管理与政策学科的理论知识指导政策智能的新思路与新架构的形成。这个双向互动过程需要研究者走出舒适区，不断去挑战不同学科间的交汇点，解决不同维度的"中间层"问题。著名学者西蒙同时对公共行政和人工智能的研究方向做出过开拓性贡献，而他开拓的这些领域仍有不断交汇和融合的空间。学科的细化和知识的专业性使当今每一个个体研究者很难成为"西蒙",但通过不同学科研究者的合作和研究者与大语言模型技术工具的人机协作,我们仍有可能实现对包括政府网站数据在内的多领域的深入挖掘,从而应对新技术环境下的政策决策实践与相关学科发展需求。

参 考 文 献

安格里斯特 J, 皮施克 J S. 2012. 基本无害的计量经济学: 实证研究者指南[M]. 郎金焕, 李井奎, 译. 上海: 格致出版社, 上海人民出版社.

曹晨, 罗强胜, 黄俊, 等. 2022. 成渝地区双城经济圈科技创新合作现状分析: 基于社会网络与LDA主题模型[J]. 软科学, 36(1): 98-107.

柴盈, 韦福祥. 2004. 服务质量内涵的综述与思考[J]. 科技与管理, (3): 36-38.

陈凯, 朱钰. 2007. 机器学习及其相关算法综述[J]. 统计与信息论坛, (5): 105-112.

陈朝兵, 杜荷花. 2020. 省级政府电子政务绩效的影响因素研究: 基于31个案例的定性比较分析[J]. 企业经济, (5): 147-154.

陈国青, 吴刚, 顾远东, 等. 2018. 管理决策情境下大数据驱动的研究和应用挑战: 范式转变与研究方向[J]. 管理科学学报, 21(7): 1-10.

陈姣娥, 王国华. 2010. 网民政策态度形成机制研究: 从"网议宁波"说起[J]. 中国软科学, (5): 57-64.

陈姣娥, 王国华. 2013. 网络时代政策议程设置机制研究[J]. 中国行政管理, (1): 28-33.

陈磊, 林婧庭. 2016. 法治政府绩效评价: 主客观指标的互补互证[J]. 中国行政管理, (6): 16-21.

陈强. 2014. 高级计量经济学及Stata应用[M]. 2版. 北京: 高等教育出版社.

陈小华, 祝自强. 2022. 中国省级数字政府发展水平的影响因素分析[J]. 中共宁波市委党校学报, 44(4): 96-106.

陈祎荻, 秦玉平. 2010. 基于机器学习的文本分类方法综述[J]. 渤海大学学报(自然科学版), (2): 201-205.

陈之常. 2015. 应用大数据推进政府治理能力现代化: 以北京市东城区为例[J]. 中国行政管理, (2): 38-42.

程克非, 张聪. 2006. 基于特征加权的朴素贝叶斯分类器[J]. 计算机仿真, 23(10): 92-94, 150.

承孝敏. 2016. 大数据应用于社会治理的芜湖实践[J]. 社会治理, (4): 114-116.

戴长征, 鲍静. 2017. 数字政府治理: 基于社会形态演变进程的考察[J]. 中国行政管理, (9): 21-27.

邓理, 王中原. 2020. 嵌入式协同: "互联网+政务服务"改革中的跨部门协同及其困境[J]. 公共管理学报, 17(4): 62-73, 169.

邓雯, 毛子骏, 徐晓林. 2022. 分歧与共识: 突发公共卫生事件下官方与民间风险沟通研究[J]. 情报杂志, 41(2): 119-125.

邸鹏, 段利国. 2014. 一种新型朴素贝叶斯文本分类算法[J]. 数据采集与处理, (1): 71-75.

董临萍, 宋渊洋. 2017. 高管团队注意力与企业国际化绩效: 权力与管理自由度的调节作用[J]. 管理评论, (8): 167-178.

段大高, 盖新新, 韩忠明. 等, 2018. 基于梯度提升决策树的微博虚假消息检测[J]. 计算机应用,

(2): 410-414, 420.

樊博, 顾恒轩. 2023. 政府资源基础、注意力分配与政务微博绩效[J]. 公共管理与政策评论, 12(3): 4-15.

范梓腾. 2020. 数字政府议程中的注意力分配动因: 基于议题捆绑的视角[D]. 北京: 清华大学.

范梓腾, 孟庆国, 魏娜, 等. 2018. 效率考量、合法性压力与政府中的技术应用: 基于中国城市政府网站建设的混合研究[J]. 公共行政评论, 11(5): 28-51, 186-187.

顾海兵, 张敏. 2014. 市级政府网站与市域经济的关联度之分层分析: 基于292个地级市的资料分层分析[J]. 学术界, (6): 10-21, 305.

郭亚宁, 冯莎莎. 2010. 机器学习理论研究[J]. 中国科技信息, (14): 208-209, 214.

韩启迪, 张小桐, 申维. 2018. 基于梯度提升决策树（GBDT）算法的岩性识别技术[J]. 矿物岩石地球化学通报, (6): 1173-1180.

何国辉, 吴礼发. 2009. 基于机器学习的文本分类技术的研究[J]. 计算机与现代化, (8): 4-6.

何艳玲. 2018. 公共行政学史[M]. 北京: 中国人民大学出版社.

何玉, 唐清亮. 2012. 公共服务、政府透明度与公众对政府的信任: 影响机理与经验证据[J]. 华东经济管理, 26(4): 120-126.

胡承立, 张韦. 2011. 基于CSSCI的中国政府网站研究现状文献计量分析[J]. 现代情报, 31(12): 159-165.

胡键. 2018. 大数据技术与公共管理范式的转型[J]. 行政论坛, 25(4): 49-55.

黄璜. 2015. 互联网+、国家治理与公共政策[J]. 电子政务, (7): 54-65.

黄璐, 林川杰, 何军, 等. 2017. 融合主题模型和协同过滤的多样化移动应用推荐[J]. 软件学报, 28(3): 708-720.

黄欣卓. 2019. 数据驱动社会科学研究转型的方向、路径与方法: 关于"大数据与社会科学研究转型"主题的笔谈[J]. 公共管理学报, 16(2): 159-167.

贾昱晟. 2011. 基于机器学习的中文文本分类技术研究[J]. 电脑知识与技术, (21): 5194-5196.

江信昱, 王柏弟. 2014. 大数据分析的方法及其在情报研究中的适用性初探[J]. 图书与情报, (5): 13-19.

康伟. 2012. 突发事件舆情传播的社会网络结构测度与分析: 基于"11·16校车事故"的实证研究[J]. 中国软科学, (7): 169-178.

李彪. 2013. 微博中热点话题的内容特质及传播机制研究: 基于新浪微博6025条高转发微博的数据挖掘分析[J]. 中国人民大学学报, 27(5): 10-17.

李冬雪, 王兴平, 柏露露, 等. 2020. S-CAD政策评估方法在城乡规划评估中的应用研究[J]. 国际城市规划, 35(5): 114-123.

李晓方, 孟庆国, 王友奎. 2019. 绩效信息公开与政府响应: 基于政府门户网站建设第三方评估数据的断点回归分析[J]. 公共行政评论, 12(5): 115-132, 214.

刘佳, 刘俊腾. 2020. "最多跑一次"改革的扩散机制研究: 面向中国294个地级市的事件史分析[J]. 甘肃行政学院学报, (4): 26-36, 125.

刘佳, 吴建南, 马亮. 2012. 地方政府官员晋升与土地财政: 基于中国地市级面板数据的实证分析[J]. 公共管理学报, 9(2): 11-23, 122-123.

刘军. 2009. 整体网分析讲义: UCINET 软件实用指南[M]. 上海: 格致出版社, 上海人民出版社.

刘佩. 2019. 我国政府网站建设与发展的历史进程与规律特征[J]. 中国管理信息化, 22(17): 167-170.

刘润秋, 黄志兵. 2021. 基于 S-CAD 方法的宅基地退出试点政策评估: 以成都市为例[J]. 四川大学学报（哲学社会科学版）, (5): 138-147.

刘淑春. 2018. 数字政府战略意蕴、技术构架与路径设计: 基于浙江改革的实践与探索[J]. 中国行政管理, (9): 37-45.

刘嵩, 刘宇, 胡霞敏. 2017. 运用大数据提升食药监管水平[J]. 学习与实践, (5): 87-92.

刘玮辰, 郭俊华, 史冬波. 2021. 如何科学评估公共政策?: 政策评估中的反事实框架及匹配方法的应用[J]. 公共行政评论, 14(1): 46-73, 219.

刘晓亮, 侯凯悦, 张洺硕. 2019. 从地方探索到中央推广: 政府创新扩散的影响机制: 基于36个案例的清晰集定性比较分析[J]. 公共管理学报, 16(3): 157-167, 176.

刘亚平. 2007. 当代中国地方政府间竞争[M]. 北京: 社会科学文献出版社.

罗海成. 2011. 基于服务质量的地方政府服务竞争力研究: 概念模型及研究命题[J]. 福建行政学院学报, (3): 5-10.

马宝君, 张楠, 谭棋天. 2018. 基于政民互动大数据的公共服务效能影响因素分析[J]. 中国行政管理, (10): 109-115.

马海群, 冯畅. 2018. 基于 S-CAD 方法的国家信息政策评估研究[J]. 情报学报, 37(10): 1060-1076.

马亮. 2011. 府际关系与政府创新扩散: 一个文献综述[J]. 甘肃行政学院学报, (6): 33-41, 123.

马亮. 2012a. 政府信息技术创新的扩散机理研究[J]. 公共行政评论, 5(5): 161-177.

马亮. 2012b. 政府信息公开的影响因素: 中国地级市的实证研究[J]. 情报杂志, 31(9): 142-146, 151.

马亮. 2012c. 公安微博的扩散研究: 中国地级市的实证研究[J]. 甘肃行政学院学报, (6): 4-14, 124.

马亮. 2012d. 政府创新扩散视角下的电子政务发展: 基于中国省级政府的实证研究[J]. 图书情报工作, 56(7): 117-124.

马亮. 2013a. 电子政务发展的影响因素: 中国地级市的实证研究[J]. 电子政务, (9): 50-63.

马亮. 2013b. 官员晋升激励与政府绩效目标设置: 中国省级面板数据的实证研究[J]. 公共管理学报, 10(2): 28-39, 138.

马亮. 2014a. 信息公开、行政问责与政府廉洁: 来自中国城市的实证研究[J]. 经济社会体制比较, (4): 141-154.

马亮. 2014b. 公民使用政府网站的影响因素: 中国大城市的调查研究[J]. 电子政务, (4): 34-48.

马亮. 2014c. 企业对电子政务的满意度及其影响因素: 中国大城市的实证分析[J]. 电子政务, (4): 49-60.

马亮. 2018. 第三方评估提升政府绩效的理论框架与研究展望[J]. 江苏师范大学学报（哲学社会科学版）, 44(2): 68-78.

马亮, 刘柳. 2018. 电子政务绩效越高, 公民使用越多吗?: 中国地方政府的实证研究[J]. 情报杂志, 37(9): 194-198, 207.

孟庆国, 陈思丞. 2016. 中国政治运行中的批示: 定义、性质与制度约束[J]. 政治学研究, (5): 70-82, 126-127.

孟庆国, 李晓方. 2017. 全面推进政务公开: 内涵诠释、实践特色与发展理路[J]. 河南师范大学学报（哲学社会科学版）, 44(2): 19-25.

孟庆国, 王友奎, 陈思丞. 2022. 官员任期、财政资源与数字时代地方政府组织声誉建构: 基于2000万条省级政府网站数据的实证研究[J]. 公共管理与政策评论, 11(4): 20-37.

孟天广, 郭凤林. 2015. 大数据政治学: 新信息时代的政治现象及其探析路径[J]. 国外理论动态, (1): 46-56.

孟天广, 李锋. 2015. 网络空间的政治互动: 公民诉求与政府回应性: 基于全国性网络问政平台的大数据分析[J]. 清华大学学报（哲学社会科学版）, 30(3): 17-29.

孟天广, 赵娟. 2019. 大数据时代网络搜索行为与公共关注度: 基于2011—2017年百度指数的动态分析[J]. 学海, (3): 41-48.

孟天广, 郑思尧. 2017. 信息、传播与影响: 网络治理中的政府新媒体: 结合大数据与小数据分析的探索[J]. 公共行政评论, 10(1): 29-52, 205-206.

容志. 2022. 数字化转型如何助推城市敏捷治理?: 基于S市X区"两网融合"建设的案例研究[J]. 行政论坛, 29(4): 71-80.

苏金树, 张博锋, 徐昕. 2006. 基于机器学习的文本分类技术研究进展[J]. 软件学报, (9): 1848-1859.

孙国锋. 2005. 我国政府网站绩效评估的理论基础、指标体系与初步结果[J]. 信息化建设, (3): 22-25.

孙恒有. 2004. WTO背景下我国政府服务质量差距分析[J]. 领导科学, (18): 53-54.

唐嘉艺, 施云娟. 2023. 各地区各部门通过人民网"领导留言板"回应群众和企业留言达400万件[EB/OL]. http://liuyan.people.com.cn/n1/2023/0901/c58278-40068243.html[2024-01-08].

涂子沛. 2018.《数文明: 大数据如何重塑人类文明、商业形态和个人世界》[J]. 杭州（周刊）, (48): 44.

万岩, 潘煜. 2015. 大数据生态系统中的政府角色研究[J]. 管理世界, (2): 174-175.

王程伟, 马亮. 2020. 绩效反馈何以推动绩效改进: 北京市"接诉即办"的实证研究[J]. 中国行政管理, (11): 117-125.

王春福. 2017. 大数据与公共政策的双重风险及其规避[J]. 理论探讨, (2): 39-43.

王飞跃, 李晓晨, 毛文吉, 等. 2013. 社会计算的基本方法与应用[J]. 杭州: 浙江大学出版社.

王惠娜. 2017. 基层政府的控制权: 对Q市环保大检查的个案研究[J]. 中国行政管理, (1): 84-89.

王金水. 2012. 网络舆论与政府决策的内在逻辑[J]. 中国人民大学学报, 26(3): 127-133.

王黎, 廖闻剑. 2017. 基于GBDT的个人信用评估方法[J]. 电子设计工程, (15): 68-72.

王立华. 2018. 如何促进政务微博公众参与: 基于政府信息公开的视角[J]. 电子政务, (8): 53-60.

王立华, 覃正. 2006. 中国地级城市行政环境与政府门户网站绩效关系的实证研究[J]. 当代经济科学, (3): 102-107, 128.

王浦劬, 赖先进. 2013. 中国公共政策扩散的模式与机制分析[J]. 北京大学学报（哲学社会科学版）, 50(6): 14-23.

王守炳. 2000. 政府上网与行政管理[J]. 探索, (1): 46-49.

王益民, 刘密霞. 2016. 电子政务环境下的政府信息公开与电子参与的相关性研究![J]. 情报理论与实践, 39(10): 31-35.

王友奎, 周亮, 王凯. 2011. 服务型政府网站的体系架构探讨[J]. 电子政务, (1): 6-19.

王友奎, 周亮, 张少彤, 等. 2016. "互联网+"战略下中国政府网站发展的新要求与新趋势[J]. 电子政务, (2): 2-19.

王仲伟. 2014. 切实加强内容建设努力办好政府网站[J]. 中国行政管理, (12): 6-10.

魏红英. 2002. 西方发达国家处理中央与地方关系的几点启示[J]. 广西社会科学, (3): 21-23.

魏景容. 2021. 政策文本如何影响政策扩散: 基于四种类型政策的比较研究[J]. 东北大学学报（社会科学版）, 23(1): 87-95.

文宏. 2020. 危机情境中的政策扩散: 一项探索性研究: 基于446份复工复产政策的文本分析[J]. 四川大学学报（哲学社会科学版）, (4): 28-36.

吴宾, 齐昕. 2019. 政策执行研究的中国图景及演化路径[J]. 公共管理与政策评论, 8(4): 33-46.

吴宾, 齐昕. 2020. 如何识别政策执行中的政策模糊性与冲突性?: 基于政策文献量化方法的探索性研究[J]. 理论学刊, (3): 101-110.

吴建祖, 肖书锋. 2016. 创新注意力转移、研发投入跳跃与企业绩效: 来自中国A股上市公司的经验证据[J]. 南开管理评论, 19(2): 182-192.

吴俊杰, 郑凌方, 杜文宇, 等. 2020. 从风险预测到风险溯源: 大数据赋能城市安全管理的行动设计研究[J]. 管理世界, 36(8): 189-202.

伍之昂, 赵新元, 黄宾, 等. 2021. 基于文献计量的大数据管理决策研究热点分析[J]. 管理科学学报, 24(6): 117-126.

向东. 2020. 在数字政府建设中深化政务公开助力推动国家治理体系和治理能力现代化[J]. 中国行政管理, (11): 15-16.

谢益辉. 2007. 基于R软件rpart包的分类与回归树应用[J]. 统计与信息论坛, (5): 67-70.

谢治菊. 2018. 大数据优化政府决策的机理、风险及规避[J]. 行政论坛, 25(1): 60-66.

徐婧欣, 郭丰, 苏鹏. 2023. 数据分类分级政策演化研究[J]. 图书馆, (2): 48-55.

徐宗本, 冯芷艳, 郭迅华, 等. 2014. 大数据驱动的管理与决策前沿课题[J]. 管理世界, (11): 158-163.

薛澜, 赵静. 2019. 走向敏捷治理: 新兴产业发展与监管模式探究[J]. 中国行政管理, (8): 28-34.

闫盛枫. 2021. 融合词向量语义增强和DTM模型的公共政策文本时序建模与演化分析: 以"大数据领域"为例[J]. 情报科学, 39(9): 146-154.

严文蕃, 韩玉梅. 2020. 教育政策评估研究国际前沿进展及方法借鉴: 严文蕃教授专访[J]. 苏州大学学报（教育科学版）, 8(3): 76-85.

阎波, 武龙, 陈斌, 等. 2020. 大气污染何以治理?: 基于政策执行网络分析的跨案例比较研究[J]. 中国人口·资源与环境, 30(7): 82-92.

闫友彪, 陈元琰. 2004. 机器学习的主要策略综述[J]. 计算机应用研究, (7): 4-10, 13.

杨宏山. 2012. 政府绩效评估的适用领域与目标模式[J]. 中国人民大学学报, 26(4): 100-106.

杨剑锋, 乔佩蕊, 李永梅, 等. 2019. 机器学习分类问题及算法研究综述[J]. 统计与决策, 35(6):

36-40.

杨杨, 傅广宛. 2018. 地方政府网站绩效的动态演变格局及其影响因素的空间建模: 基于 12 年 327 个城市的数据[J]. 电子政务, (11): 83-92.

杨志, 魏姝. 2020. 政策爆发生成机理: 影响因素、组合路径及耦合机制: 基于 25 个案例的定性比较分析[J]. 公共管理学报, 17(2): 14-26, 165.

叶志鹏, 李蹊. 2021. 中央行政指导的运作机制探析: 基于省级政府网站建设的案例研究[J]. 中国行政管理, (5): 86-94.

殷存毅, 汤志林. 2010. 基于选择性政策的"驻京办"及其运行模式[J]. 公共管理评论, (1): 129-142.

郁建兴, 黄飚. 2015. 地方政府创新扩散的适用性[J]. 经济社会体制比较, (1): 171-181.

郁建兴, 黄飚. 2017. 当代中国地方政府创新的新进展: 兼论纵向政府间关系的重构[J]. 政治学研究, (5): 88-103, 127.

袁韵, 徐戈, 陈晓红, 等. 2020. 城市交通拥堵与空气污染的交互影响机制研究: 基于滴滴出行的大数据分析[J]. 管理科学学报, 23(2): 54-73.

原光, 潘杰. 2017. 创新扩散视角下政务微信总量发展的影响因素分析: 基于中国地级市的实证研究[J]. 湖北社会科学, (8): 47-53.

岳洪江. 2018. 中国地区智库运行效率及影响因素评价: 各省市区软科学成果转化数据分析[J]. 智库理论与实践, 3(2): 21-29.

曾大军, 霍红, 陈国青, 等. 2021. 政策信息学与政策智能研究中的关键科学问题[J]. 中国科学基金, 35(5): 719-725.

张成福, 唐钧. 2004. 电子政务绩效评估: 模式比较与实质分析[J]. 中国行政管理, (5): 21-23.

张国兴, 高杨, 李捷迅. 2020. 政策执行中的特征差异: 基于政策文本的综合量化研究[J]. 兰州大学学报（社会科学版）, 48(6): 11-21.

张军, 倪星. 2020. 控权问责、服务提升与电子政务的清廉效应: 基于中国 282 个地级市调查数据的实证分析[J]. 中国行政管理, (3): 59-66.

张克. 2017. 西方公共政策创新扩散:理论谱系与方法演进[J]. 国外理论动态, (4): 35-44.

张坤鑫. 2021. 地方政府注意力与环境政策执行力的倒 U 形关系研究[J]. 公共管理评论, 3(4): 132-161.

张楠. 2015. 公共衍生大数据分析与政府决策过程重构: 理论演进与研究展望[J]. 中国行政管理, (10): 19-24.

张楠, 黄梅银, 罗亚, 等. 2023. 全国政府网站内容数据中的知识发现: 从注意力分配到政策层级扩散[J]. 管理科学学报, 26(5): 154-173.

张楠, 马宝君, 孟庆国. 2019. 政策信息学: 大数据驱动的公共政策分析[M]. 北京: 清华大学出版社.

张楠, 唐思思, 曾大军. 2022. 政策智能的管理学理论基础初探[R]. 北京: 首届中国管理前沿学术论坛.

张锐昕, 黄波. 2000. 政府上网给政府管理带来的机遇、挑战及对策研究[J].吉林大学社会科学学报, (1): 58-62, 96.

张锐昕, 王玉荣. 2019. 中国政府上网 20 年: 发展历程、成就及反思[J]. 福建师范大学学报（哲学社会科学版）, (5): 43-50, 168.

张润, 王永滨. 2016. 机器学习及其算法和发展研究[J]. 中国传媒大学学报（自然科学版）, 23(2): 10-18, 24.

张少彤, 张楠, 汪敏, 等. 2016a. 第一次全国政府网站普查工作的回顾与思考[J]. 电子政务, (2): 29-35.

张少彤, 张楠, 王友奎, 等. 2016b. 2015 年中国政府网站绩效评估: 结果、亮点、不足[J]. 电子政务, (2): 20-28.

张少彤, 周亮, 王友奎. 2013. 2013 年中国政府网站发展总体情况分析[J]. 电子政务, (12): 72-79.

张少彤, 周亮, 王友奎. 2014. 2014 年政府网站绩效评估: 结果、亮点、不足[J]. 电子政务, (12): 14-19.

张向宏, 张少彤, 王明明. 2007a. 中国政府网站的三大功能定位: 政府网站理论基础之一[J]. 电子政务, (3): 16-20.

张向宏, 张少彤, 王明明. 2007b. 中国政府网站发展阶段论: 政府网站理论基础之二[J]. 电子政务, (3): 21-26.

张向宏, 张少彤, 王明明. 2007c. 中国政府网站建设层级体系论: 政府网站理论基础之三[J]. 电子政务, (3): 27-31.

张晓娟, 刘亚茹. 2017. 中国政府信息公开目录体系建设研究: 基于省级和部委政府网站的调查与分析[J]. 电子政务, (7): 67-76.

张闫龙. 2015. 城市基础设施领域公私合作政策的扩散[J]. 公共行政评论, 8(3): 25-50, 202-203.

赵金旭, 孟天广. 2021. 官员晋升激励会影响政府回应性么?: 基于北京市"接诉即办"改革的大数据分析[J]. 公共行政评论, 14(2): 111-134, 231.

赵静, 陈玲, 薛澜. 2013. 地方政府的角色原型、利益选择和行为差异: 一项基于政策过程研究的地方政府理论[J]. 管理世界, (2): 90-106.

赵莉晓. 2014. 创新政策评估理论方法研究: 基于公共政策评估逻辑框架的视角[J]. 科学学研究, 32(2): 195-202.

郑石明, 兰雨潇, 黎枫. 2021. 网络公共舆论与政府回应的互动逻辑: 基于新冠肺炎疫情期间"领导留言板"的数据分析[J]. 公共管理学报, 18(3): 24-37, 169.

中共中央办公厅秘书局. 1988. 公文主题词表（修订本）[M]. 北京: 中国档案出版社.

钟瑛, 张恒山. 2013. 大数据的缘起、冲击及其应对[J]. 现代传播（中国传媒大学学报）, 35(7): 104-109.

周飞舟. 2006. 分税制十年: 制度及其影响[J]. 中国社会科学, (6): 100-115, 205.

周黎安. 2007. 中国地方官员的晋升锦标赛模式研究[J]. 经济研究, (7): 36-50.

周亮. 2010. 中国政府网站绩效评估模式探讨及发展情况[J]. 电子政务, 87(Z1): 35-40.

周小川. 2011. 金融政策对金融危机的响应: 宏观审慎政策框架的形成背景、内在逻辑和主要内容[J]. 金融研究, (1): 1-14.

朱光喜, 陈景森. 2019. 地方官员异地调任何以推动政策创新扩散?: 基于议程触发与政策决策的比较案例分析[J]. 公共行政评论, 12(4): 124-142, 192-193.

朱军, 胡文波. 2015. 贝叶斯机器学习前沿进展综述[J]. 计算机研究与发展, 52(1): 16-26.

朱旭峰, 吴冠生. 2018. 中国特色的央地关系: 演变与特点[J]. 治理研究, 34(2): 50-57.

朱旭峰, 张友浪. 2015. 创新与扩散: 新型行政审批制度在中国城市的兴起[J]. 管理世界, (10): 91-105, 116.

朱旭峰, 赵慧. 2016. 政府间关系视角下的社会政策扩散: 以城市低保制度为例（1993—1999）[J]. 中国社会科学, (8): 95-116, 206.

Akhtar M S, Ekbal A, Cambria E. 2020. How intense are you? Predicting intensities of emotions and sentiments using stacked ensemble[J]. IEEE Computational Intelligence Magazine, 15(1): 64-75.

Alesina A, la Ferrara E. 2005. Preferences for redistribution in the land of opportunities[J]. Journal of Public Economics, 89(5/6): 897-931.

Alexandrova P, Carammia M, Timmermans A. 2012. Policy punctuations and issue diversity on the European Council agenda[J]. Policy Studies Journal, 40(1): 69-88.

Ambos T C, Birkinshaw J. 2010. Headquarters' attention and its effect on subsidiary performance[J]. Management International Review, 50(4): 449-469.

Anastasopoulos L J, Whitford A B. 2019. Machine learning for public administration research, with application to organizational reputation[J]. Journal of Public Administration Research and Theory, 29(3): 491-510.

Angus D, Rintel S, Wiles J. 2013. Making sense of big text: a visual-first approach for analysing text data using Leximancer and Discursis[J]. International Journal of Social Research Methodology, 16(3): 261-267.

Axtell R, Axelrod R, Epstein J M, et al. 1996. Aligning simulation models: a case study and results[J]. Computational & Mathematical Organization Theory, 1(2): 123-141.

Barakat N, Bradley A P. 2010. Rule extraction from support vector machines: a review[J]. Neurocomputing, 74(1/2/3): 178-190.

Berman P. 1978. The study of macro- and micro-implementation[J]. Public Policy, 26(2): 157-184.

Berry F S, Berry W D. 1990. State lottery adoptions as policy innovations: an event history analysis[J]. American Political Science Review, 84(2): 395-415.

Berry F S, Berry W D. 1992. Tax innovation in the states: capitalizing on political opportunity[J]. American Journal of Political Science, 36(3): 715-742.

Bevan S, Jennings W, Pickup M. 2019. Problem detection in legislative oversight: an analysis of legislative committee agendas in the UK and US[J]. Journal of European Public Policy, 26(10): 1560-1578.

Blauberger M, Heindlmaier A, Hofmarcher P, et al. 2023. The differentiated politicization of free movement of people in the EU. A topic model analysis of press coverage in Austria, Germany, Poland and the UK[J]. Journal of European Public Policy, 30(2): 291-314.

Blei D M, Ng A Y, Jordan M I. 2003. Latent dirichlet allocation[J]. The Journal of Machine Learning Research, 3: 993-1022.

Bochel C. 2012. Petitions: different dimensions of voice and influence in the Scottish parliament and the national assembly for Wales[J]. Social Policy & Administration, 46(2): 142-160.

Bochel C. 2013. Petitions systems: contributing to representative democracy?[J]. Parliamentary Affairs, 66(4): 798-815.

Boon J, Salomonsen H H, Verhoest K. 2021. A reputation for what, to whom, and in which task environment: a commentary[J]. Regulation & Governance, 15(2): 428-441.

Boyd S, Parikh N, Chu E, et al. 2010. Distributed optimization and statistical learning via the alternating direction method of multipliers[J]. Foundations & Trends in Machine Learning, 3(1): 1-122.

Boydstun A E, Bevan S, Thomas H F III. 2014. The importance of attention diversity and how to measure it[J]. Policy Studies Journal, 42(2): 173-196.

Boyne G A. 2003. Sources of public service improvement: a critical review and research agenda[J]. Journal of Public Administration Research and Theory, 13(3): 367-394.

Brewer G D. 1974. The policy sciences emerge: to nurture and structure a discipline[J]. Policy Sciences, 5(3): 239-244.

Brodkin E Z. 1990. Implementation as policy politics[C]//Calista D J, Palumbo D. Implementation and the Policy Process: Opening Up the Black Box. New York: Praeger: 107-118.

Burt R S. 1995. Structural holes: the social structure of competition[J]. Revue Française de Sociologie, 36(4): 779.

Busuioc E M, Lodge M. 2016. The reputational basis of public accountability[J]. Governance, 29(2): 247-263.

Busuioc M, Rimkutė D. 2020. Meeting expectations in the EU regulatory state? Regulatory communications amid conflicting institutional demands[J]. Journal of European Public Policy, 27(4): 547-568.

Capelos T, Provost C, Parouti M, et al. 2016. Ingredients of institutional reputations and citizen engagement with regulators[J]. Regulation & Governance, 10(4): 350-367.

Carpenter D. 2010. Reputation and Power: Organizational Image and Pharmaceutical Regulation at the FDA[M]. Princeton: Princeton University Press.

Carpenter D P, Krause G A. 2012. Reputation and public administration[J]. Public Administration Review, 72(1): 26-32.

Castellani B, Hafferty F W. 2009. Sociology and Complexity Science: A New Field of Inquiry[M]. Berlin: Springer.

Chan K N, Zhao S. 2016. Punctuated equilibrium and the information disadvantage of authoritarianism: evidence from the People's Republic of China[J]. Policy Studies Journal, 44(2): 134-155.

Chauhan U, Shah A. 2021. Topic modeling using latent dirichlet allocation: a survey[J]. ACM Computing Surveys, 54(7): 1-35.

Chen S C, Christensen T, Ma L. 2019. Competing for father's love? The politics of central government agency termination in China[J]. Governance, 32(4): 761-777.

Chen T Q, Guestrin C. 2016. XGBoost: a scalable tree boosting system[C]//Krishnapuram B, Shah M. Proceedings of the 22nd ACM SIGKDD International Conference on Knowledge Discovery and Data Mining. New York: Association for Computing Machinery: 785-794.

Cheung Y B. 1998. The use of experimental design in social work evaluation[J]. Asia Pacific Journal of Social Work and Development, 8(2): 77-87.

Christensen T, Gavrila S G, Ma L, et al. 2020. Reputation management by Chinese universities: primary profile and comparative features[J]. Public Administration, 98(4): 1027-1043.

Christensen T, Gornitzka Å. 2017. Reputation management in complex environments: a comparative study of university organizations[J]. Higher Education Policy, 30(1): 123-140.

Christenson J A, Taylor G S. 1982. Determinants, expenditures, and performance of common public services[J]. Rural Sociology, 47(1): 147-163.

Chun Y W, Kim Y, Campbell H. 2012. Using Bayesian methods to control for spatial autocorrelation in environmental justice research: an illustration using toxics release inventory data for a sunbelt county[J]. Journal of Urban Affairs, 34(4): 419-439.

Collingwood L, El-Khatib S O, Gonzalez O'Brien B. 2019. Sustained organizational influence: American legislative exchange council and the diffusion of anti-sanctuary policy[J]. Policy Studies Journal, 47(3): 735-773.

Corner P D, Kinicki A J, Keats B W. 1994. Integrating organizational and individual information processing perspectives on choice[J]. Organization Science, 5(3): 289-477.

Davis J P, Eisenhardt K M, Bingham C B. 2007. Developing theory through simulation methods[J]. Academy of Management Review, 32(2): 480-499.

Dawes S S, Janssen M. 2013. Policy informatics: addressing complex problems with rich data, computational tools, and stakeholder engagement[C]//Mellouli S. Proceedings of the 14th Annual International Conference on Digital Government Research. New York: Association for Computing Machinery: 251-253.

DeMora S L, Collingwood L, Ninci A. 2019. The role of super interest groups in public policy diffusion[J]. Policy & Politics, 47(4): 513-541.

Dumas C L, LaManna D, Harrison T M, et al. 2015. Examining political mobilization of online communities through e-petitioning behavior in We the People[J]. Big Data & Society, 2(2): 205395171559817.

Dunleavy P, Margetts H, Bastow S, et al. 2006. New public management is dead—long live digital-era governance[J]. Journal of Public Administration Research and Theory, 16(3): 467-494.

Dutton J E. 1996. Strategic agenda building in organizations[C]//Shapira Z. Organizational Decision Making. Cambridge: Cambridge University Press: 81-108.

Eggers J P, Kaplan S. 2009. Cognition and renewal: comparing CEO and organizational effects on incumbent adaptation to technical change[J]. Organization Science, 20(2): 461-477.

Evans P B, Rueschemeyer D, Skocpol T. 1985. Bringing the State Back In[M]. Cambridge: Cambridge University Press.

Fan Z T, Christensen T, Ma L. 2023. Policy attention and the adoption of public sector innovation[J]. Public Management Review, 25(10): 1815-1834.

Fletcher G, Dyson S. 2013. Evaluation as work in progress: stories of shared learning and development[J]. Evaluation, 19(4): 419-430.

Florez-Lopez R, Ramon-Jeronimo J M. 2015. Enhancing accuracy and interpretability of ensemble strategies in credit risk assessment. A correlated-adjusted decision forest proposal[J]. Expert Systems with Applications, 42(13): 5737-5753.

Fombrun C J, Gardberg N A, Sever J M. 2000. The reputation quotient^{SM}: a multi-stakeholder measure of corporate reputation[J]. Journal of Brand Management, 7(4): 241-255.

Forrest J B. 2000. The drought policy bureaucracy, decentralization, and policy networks in post-apartheid Namibia[J]. The American Review of Public Administration, 30(3): 307-333.

Forrester J W. 1971. Counterintuitive behavior of social systems[J]. Theory and Decision, 2(2): 109-140.

Frank K A, Penuel W R, Krause A. 2015. What is a "good" social network for policy implementation? The flow of know-how for organizational change[J]. Journal of Policy Analysis and Management, 34(2): 378-402.

Friedman J H. 2001. Greedy function approximation: a gradient boosting machine[J]. The Annals of Statistics, 29(5): 1189-1232.

Gebauer H. 2009. An attention-based view on service orientation in the business strategy of manufacturing companies[J]. Journal of Managerial Psychology, 24(1): 79-98.

Ghaffarzadegan N, Lyneis J, Richardson G P. 2011. How small system dynamics models can help the public policy process[J]. System Dynamics Review, 27(1): 22-44.

Goggin M L. 1986. The "too few cases/too many variables" problem in implementation research[J]. The Western Political Quarterly, 39(2): 328.

Goggin M L, Bowman A O, Lester J P, et al. 1990. Implementation Theory and Practice: Toward a Third Generation[M]. Glenview: Scott Foresman & Company.

Granovetter M. 1982. The strength of weak ties: a network theory revisited[J]. Sociological Theory, 1(6): 201-233.

Gray V. 1973. Innovation in the states: a diffusion study[J]. American Political Science Review, 67(4): 1174-1185.

Greene D, Cross J P. 2017. Exploring the political agenda of the European parliament using a dynamic topic modeling approach[J]. Political Analysis, 25(1): 77-94.

Greve H R. 1998. Performance, aspirations, and risky organizational change[J]. Administrative Science Quarterly, 43(1): 58-86.

Hagen L. 2018. Content analysis of e-petitions with topic modeling: how to train and evaluate LDA models?[J]. Information Processing & Management, 54(6): 1292-1307.

Hagen L, Harrison T M, Dumas C L. 2018. Data analytics for policy informatics: the case of e-petitioning[C]//Gil-Garcia J R, Pardo T A, Luna-Reyes L F. Policy Analytics, Modelling, and Informatics. Berlin: Springer: 205-224.

Hamm M S, Schrink J L. 1989. The conditions of effective implementation: a guide to accomplishing rehabilitative objectives in corrections[J]. Criminal Justice and Behavior, 16(2): 166-182.

Heilmann S. 2008. Policy experimentation in China's economic rise[J]. Studies in Comparative International Development, 43(1): 1-26.

Hill M, Hupe P. 2002. Implementing Public Policy: Governance in Theory and Practice[M]. Thousand Oaks: Sage.

Hitlin P. 2016. We the People': five years of online petitions[EB/OL]. https://search.issuelab.org/resource/we-the-people-five-years-of-online-petitions.html[2024-02-05].

Hjern B, Porter D O. 1981. Implementation structures: a new unit of administrative analysis[J]. Organization Studies, 2(3): 211-227.

Hoens T R, Chawla N V. 2013. Imbalanced datasets: from sampling to classifiers[C]//He H B, Ma Y Q. Imbalanced Learning: Foundations, Algorithms, and Applications. Hoboken: John Wiley & Sons, Inc: 43-59.

Hood C. 2011. It's public administration, rod, but maybe not as we know it: British public administration in the 2000s[J]. Public Administration, 89(1): 128-139.

Howlett M, Ramesh M. 1995. Studying Public Policy: Policy Cycles and Policy Subsystems[M]. Oxford: Oxford University Press.

Isoaho K, Gritsenko D, Mäkelä E. 2021. Topic modeling and text analysis for qualitative policy research[J]. Policy Studies Journal, 49(1): 300-324.

James G, Witten D, Hastie T, et al. 2013. An Introduction to Statistical Learning: With Applications in R[M]. Berlin: Springer.

James O, Petersen C. 2018. International rankings of government performance and source credibility for citizens: experiments about e-government rankings in the UK and the Netherlands[J]. Public Management Review, 20(4): 469-484.

Jennings W, Bevan S, Timmermans A, et al. 2011. Effects of the core functions of government on the diversity of executive agendas[J]. Comparative Political Studies, 44(8): 1001-1030.

Jiang J Y, Meng T G, Zhang Q. 2019. From Internet to social safety net: the policy consequences of online participation in China. [J]. Governance, 32(3): 531-546.

Jin H H, Qian Y Y, Weingast B R. 2005. Regional decentralization and fiscal incentives: federalism, Chinese style[J]. Journal of Public Economics, 89(9/10): 1719-1742.

Johnson J, Arel-Bundock V, Portniaguine V. 2019. Adding rooms onto a house we love: central banking after the global financial crisis[J]. Public Administration, 97(3): 546-560.

Johnston E W. 2015. Governance in the Information Era: Theory and Practice of Policy Informatics[M]. New York: Routledge.

Johnston E, Kim Y. 2011. Introduction to the special issue on policy informatics[J]. The Innovation

Journal: The Public Sector Innovation Journal, 16(1): 1-4.

Jones B D, Baumgartner F R. 2005. The Politics of Attention: How Government Prioritizes Problems[M]. Chicago: University of Chicago Press.

Jones C O. 1970. An Introduction to the Study of Public Policy[M]. Belmont: Duxbury Press.

Kim G H, Trimi S, Chung J H. 2014. Big-data applications in the government sector[J]. Communications of the ACM, 57(3): 78-85.

Kim Y. 2007. Using spatial analysis for monitoring fraud in a public delivery program[J]. Social Science Computer Review, 25(3): 287-301.

Kleinberg J, Lakkaraju H, Leskovec J, et al. 2018. Human decisions and machine predictions[J]. The Quarterly Journal of Economics, 133(1): 237-293.

Kolltveit K, Karlsen R, Askim J. 2019. Understanding reputational concerns within government agencies[J]. Policy & Politics, 47(3): 473-493.

Labianca G, Fairbank J F, Andrevski G. 2009. Striving toward the future: aspiration-performance discrepancies and planned organizational change[J]. Strategic Organization, 7(4): 433-466.

Lasswell H D. 1971. A Pre-View of Policy Sciences[M]. New York: Elsevier.

Lee D, van Ryzin G G. 2019. Measuring bureaucratic reputation: scale development and validation[J]. Governance, 32(1): 177-192.

Lemire S, Peck L R, Porowski A. 2020. The growth of the evaluation tree in the policy analysis forest: recent developments in evaluation[J]. Policy Studies Journal, 48: S47-S70.

Lester J P, Bowman A O, Goggin M L, et al. 1987. Public policy implementation: evolution of the field and agenda for future research[J]. Review of Policy Research, 7(1): 200-216.

Levy O. 2005. The influence of top management team attention patterns on global strategic posture of firms[J]. Journal of Organizational Behavior, 26(7): 797-819.

Li H B, Zhou L A. 2005. Political turnover and economic performance: the incentive role of personnel control in China[J]. Journal of Public Economics, 89(9/10): 1743-1762.

Loftis M W, Mortensen P B. 2020. Collaborating with the machines: a hybrid method for classifying policy documents[J]. Policy Studies Journal, 48(1): 184-206.

Ma B J, Zhang N, Liu G N, et al. 2016. Semantic search for public opinions on urban affairs: a probabilistic topic modeling-based approach[J]. Information Processing and Management: an International Journal, 52(3): 430-445.

Ma L. 2014. Diffusion and assimilation of government microblogging: evidence from Chinese cities[J]. Public Management Review, 16(2): 274-295.

Makse T, Volden C. 2011. The role of policy attributes in the diffusion of innovations[J]. The Journal of Politics, 73(1): 108-124.

Maor M. 2011. Organizational reputations and the observability of public warnings in 10 pharmaceutical markets[J]. Governance, 24(3): 557-582.

Maor M. 2016. Missing areas in the bureaucratic reputation framework[J]. Politics and Governance, 4(2): 80-90.

March J G. 1962. The business firm as a political coalition[J]. The Journal of Politics, 24(4): 662-678.

March J G, Simon H A. 1993. Organizations revisited[J]. Industrial and Corporate Change, 2(1): 299-316.

Martin E G, MacDonald R H, Smith L C, et al. 2015. Policy modeling to support administrative decisionmaking on the New York State HIV testing law[J]. Journal of Policy Analysis and Management, 34(2): 403-423.

McCombs M, Zhu J H. 1995. Capacity, diversity, and volatility of the public agenda: trends from 1954 to 1994[J]. Public Opinion Quarterly, 59(4): 495-525.

Mei C Q, Pearson M M. 2014. Killing a chicken to scare the monkeys? Deterrence failure and local defiance in China[J]. The China Journal, 72: 75-97.

Meier K J, Favero N, Zhu L. 2015. Performance gaps and managerial decisions: a Bayesian decision theory of managerial action[J]. Journal of Public Administration Research and Theory, 25(4): 1221-1246.

Meltzer A H, Richard S F. 1981. A rational theory of the size of government[J]. Journal of Political Economy, 89(5): 914-927.

Meng Q G, Fan Z T. 2022. Punctuations and diversity: exploring dynamics of attention allocation in China's E-government agenda[J]. Policy Studies, 43(3): 502-521.

Milward H B, Provan K G, Fish A, et al. 2010. Governance and collaboration: an evolutionary study of two mental health networks[J]. Journal of Public Administration Research and Theory, 20: i125-i141.

Misuraca G, Mureddu F, Osimo D. 2014. Policy-making 2.0: unleashing the power of big data for public governance[C]//Gascó-Hernández M. Open Government: Opportunities and Challenges for Public Governance. Berlin: Springer: 171-188.

Mortensen P B, Green-Pedersen C. 2015. Institutional effects of changes in political attention: explaining organizational changes in the top bureaucracy[J]. Journal of Public Administration Research and Theory, 25(1): 165-189.

Moschella M, Pinto L. 2019. Central banks' communication as reputation management: how the fed talks under uncertainty[J]. Public Administration, 97(3): 513-529.

Müller M, Braun C. 2021. Guiding or following the crowd? Strategic communication as reputational and regulatory strategy[J]. Journal of Public Administration Research and Theory, 31(4): 670-686.

Murphy J. 1971. Title I of ESEA: the politics of implementing federal education reform[J]. Harvard Educational Review, 41(1): 35-63.

Nagel S S. 1983. Encyclopedia of Policy Studies[M]. New York: Marcel Dekker.

Nowlin M C. 2016a. Modeling issue definitions using quantitative text analysis[J]. Policy Studies Journal, 44(3): 309-331.

Nowlin M C. 2016b. Policy change, policy feedback, and interest mobilization: the politics of nuclear waste management[J]. Review of Policy Research, 33(1): 51-70.

O'Toole L J, Jr. 2000. Research on policy implementation: assessment and prospects[J]. Journal of Public Administration Research and Theory, 10(2): 263-288.

O'Toole L J, Jr, Meier K J. 1999. Modeling the impact of public management: implications of structural context[J]. Journal of Public Administration Research and Theory, 9(4): 505-526.

Ocasio W. 1997. Towards an attention-based view of the firm[J]. Strategic Management Journal, 18: 187-206.

Overman S, Busuioc M, Wood M. 2020. A multidimensional reputation barometer for public agencies: a validated instrument[J]. Public Administration Review, 80(3): 415-425.

Pan J. 2019. How Chinese officials use the internet to construct their public image[J]. Political Science Research and Methods, 7(2): 197-213.

Pressman J L, Wildavsky A B, Bowmen E R, et al. 1982. Implementation[J]. Journal of Public Policy, 2: 1-21.

Procter R, Vis F, Voss A. 2013. Reading the riots on Twitter: methodological innovation for the analysis of big data[J]. International Journal of Social Research Methodology, 16(3): 197-214.

Quinn K M, Monroe B L, Colaresi M, et al. 2010. How to analyze political attention with minimal assumptions and costs[J]. American Journal of Political Science, 54(1): 209-228.

Rimkutė D. 2018. Organizational reputation and risk regulation: the effect of reputational threats on agency scientific outputs[J]. Public Administration, 96(1): 70-83.

Rimkutė D. 2020. Building organizational reputation in the European regulatory state: an analysis of EU agencies' communications[J]. Governance, 33(2): 385-406.

Rockmore D N, Fang C, Foti N J, et al. 2018. The cultural evolution of national constitutions[J]. Journal of the Association for Information Science and Technology, 69(3): 483-494.

Röder M, Both A, Hinneburg A. 2015. Exploring the space of topic coherence measures[C]//Cheng X Q, Li H. Proceedings of the 8th ACM International Conference on Web Search and Data Mining. New York: Association for Computing Machinery: 399-408.

Rogers E M. 2003. Diffusion of Innovations[M]. 5th ed. New York: Free Press.

Rourke F E. 1984. Bureaucracy, Politics, and Public Policy[M]. 3rd ed. Boston: Little, Brown.

Rust R T, Oliver R L. 1994. Service Quality: New Directions in Theory and Practice[M]. Thousand Oaks: Sage.

Saetren H. 2005. Facts and myths about research on public policy implementation: out-of-fashion, allegedly dead, but still very much alive and relevant[J]. Policy Studies Journal, 33(4): 559-582.

Saetren H. 2014. Implementing the third generation research paradigm in policy implementation research: an empirical assessment[J]. Public Policy and Administration, 29(2): 84-105.

Saunders M. 2012. The use and usability of evaluation outputs: a social practice approach[J]. Evaluation, 18(4): 421-436.

Savin I, Ott I, Konop C. 2022. Tracing the evolution of service robotics: insights from a topic modeling approach[J]. Technological Forecasting and Social Change, 174: 121280.

Schanin Y. 2014. Organizational reputation, public protest, and the strategic use of regulatory communication[C]//Wæraas A, Maor M. Organizational Reputation in the Public Sector. Routledge: Routledge: 139-159.

Schofield J. 2001. Time for a revival? Public policy implementation: a review of the literature and an agenda for future research[J]. International Journal of Management Reviews, 3(3): 245-263.

Shanahan E A, McBeth M K, Hathaway P L, et al. 2008. Conduit or contributor? The role of media in policy change theory[J]. Policy Sciences, 41(2): 115-138.

Shipan C R, Volden C. 2008. The mechanisms of policy diffusion[J]. American Journal of Political Science, 52(4): 840-857.

Shipan C R, Volden C. 2012. Policy diffusion: seven lessons for scholars and practitioners[J]. Public Administration Review, 72(6): 788-796.

Si S, Zhang H, Keerthi S S, et al. 2017. Gradient boosted decision trees for high dimensional sparse output[J]. Proceedings of the 34th International Conference on Machine Learning, 70: 3182-3190.

Simon H A. 1947. A Comment on "the science of public administration"[J]. Public Administration Review, 7(3): 200-203.

Sirer M I, Maroulis S, Guimerà R, et al. 2015. The currents beneath the "rising tide" of school choice: an analysis of student enrollment flows in the Chicago public schools[J]. Journal of Policy Analysis and Management, 34(4): 358-377.

Tolbert C J, Mossberger K, McNeal R. 2008. Institutions, policy innovation, and E-government in the American states[J]. Public Administration Review, 68(3): 549-563.

Tu W, Li Q Q, Fang Z X, et al. 2016. Optimizing the locations of electric taxi charging stations: a spatial-temporal demand coverage approach[J]. Transportation Research Part C: Emerging Technologies, 65: 172-189.

van Helden G J, Johnsen Å, Vakkuri J. 2012. The kife-cycle approach to performance management: implications for public management and evaluation[J]. Evaluation, 18(2): 159-175.

van Meter D S, van Horn C E. 1975. The policy implementation process: a conceptual framework[J]. Administration & Society, 6(4): 445-488.

Volden C. 2006. States as policy laboratories: emulating success in the children's health insurance program[J]. American Journal of Political Science, 50(2): 294-312.

Walker J L. 1969. The diffusion of innovations among the American states[J]. American Political Science Review, 63(3): 880-899.

Walker R M, Avellaneda C N, Berry F S. 2011. Exploring the diffusion of innovation among high and low innovative localities[J]. Public Management Review, 13(1): 95-125.

Walker R M, Chandra Y, Zhang J S, et al. 2019. Topic modeling the research-practice gap in public administration[J]. Public Administration Review, 79(6): 931-937.

Wang Y K, Zhang N, Zhao X J. 2022. Understanding the determinants in the different government AI adoption stages: evidence of local government chatbots in China[J]. Social Science Computer Review, 40(2): 534-554.

Wei W, Guo C H, Chen J F, et al. 2017. Textual topic evolution analysis based on term co-occurrence: a case study on the government work report of the State Council (1954–2017)[R]. 2017 12th International Conference on Intelligent Systems and Knowledge Engineering (ISKE).

Weiss C H. 1998. Have we learned anything new about the use of evaluation?[J]. The American Journal of Evaluation, 19(1): 21-33.

Winter S C. 2015. Implementation perspectives: status and reconsideration[C]//Peters B G, Pierre J. The Sage Handbook of Public Administration. 2nd ed. Thousand Oaks: Sage: 265-278.

Wonodi C B, Privor-Dumm L, Aina M, et al. 2012. Using social network analysis to examine the decision-making process on new vaccine introduction in Nigeria[J]. Health Policy and Planning, 27: ii27-ii38.

Xu C G. 2011. The fundamental institutions of China's reforms and development[J]. Journal of Economic Literature, 49(4): 1076-1151.

Yackee S W. 2021. The "science" of policy development during administrative rulemaking[J]. Policy Studies Journal, 49(1): 146-163.

Yadav M S, Prabhu J C, Chandy R K. 2007. Managing the future: CEO attention and innovation outcomes[J]. Journal of Marketing, 71(4): 84-101.

Yi H T, Berry F S, Chen W N. 2018. Management innovation and policy diffusion through leadership transfer networks: an agent network diffusion model[J]. Journal of Public Administration Research and Theory, 28(4): 457-474.

Yue T, Long R Y, Chen H, et al. 2020. Energy-saving behavior of urban residents in China: a multi-agent simulation[J]. Journal of Cleaner Production, 252: 119623.

Zeng D. 2015. Policy informatics for smart policy-making[J]. IEEE Intelligent Systems, 30(6): 2-3.

Zhang J, Luna-Reyes L F, Pardo T A, et al. 2016. Information, Models, and Sustainability: Policy Informatics in the Age of Big Data and Open Government[M]. Berlin: Springer.

Zhang M, Li J. 2021. A commentary of GPT-3 in MIT Technology Review 2021[J]. Fundamental Research, 1(6): 831-833.

Zhang Y L. 2012. Institutional sources of reform: the diffusion of land banking systems in China[J]. Management and Organization Review, 8(3): 507-533.

Zhou X G. 2010. The institutional logic of collusion among local governments in China[J]. Modern China, 36(1): 47-78.

Zhu X F. 2013. Learn from China's local pilot schemes[J]. Nature, 502: 38.

Zhu X F, Zhang Y L. 2019. Diffusion of marketization innovation with administrative centralization in a multilevel system: evidence from China[J]. Journal of Public Administration Research and Theory, 29(1): 133-150.

Zhu Y P, Cheng J Y. 2011. The emergence of cyber society and the transformation of the public policy agenda-building process in China[J]. China Review, 11(2): 153-181.